JN046413

ジェニファー・ウェイクリン/著
Jenifer Wakelyn

御園生直美・岩﨑美奈子/監訳
佐藤明子/訳

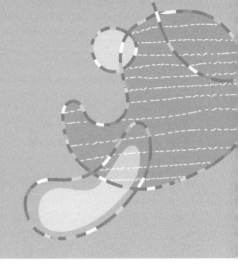

里親養育における乳幼児の理解と支援

乳幼児観察から「ウォッチ・ミー・プレイ!」の実践へ

Therapeutic Approaches with
Babies and Young Children in Care:
Observation and Attention

誠信書房

母を偲んで

推薦のことば

　本書には，乳幼児の社会的養護において留意すべき重要事項がいくつも示されている。なかでも，子どもが成長し問題を起こすまで何もしないのではなく，できるだけ早期に介入すべきであり，また，子どもの身体的な安全を重視するあまり子どもの体験の心理的側面を見過ごしてしまうことがあるとの指摘は示唆深い。わが国の乳幼児社会的養護は施設が中心であったが，2016 年の児童福祉法改正で子どもの権利と家庭養育優先原則が示されて以降，里親養育等の家庭養護を優先するようになった。2020 年からは全国で目標値も設定され，施設から家庭への移行の取り組みが展開されている。

　社会的養護となる子どもの多くが，虐待やネグレクトなどの環境から施設や里親家庭に移され養育されるが，本書に示された子どもの視点で見直すと，これまでの取り組みが子どもの最善の利益を保障できていたとは言い難い。子どもにとっての最善を実現するためには，子どもにとって大事なことを知り，子どもの視点で世界がどう見えているか知る必要がある。

　本書で紹介する Watch Me Play!（WMP）は，遊びの中で子どものメッセージを細やかに観察することで，里親や支援者が子どもの目を通して世界を見ることを可能にする。子どもがありのままの自己を表出しやすい設定で，遊びを通して子どもの声やニーズをとらえる取り組みは，乳幼児のアドボカシー（権利擁護）活動ともいえる。さらに，支援者や専門家がチームとしての関わりをもつことで，養育者だけでは難しい子どもの深刻な体験の受け止めが可能になり，家庭復帰や養子縁組へと養育者をつなぐ役割を果たすこともできる。特に里親家庭からの家庭復帰や養子縁組への移行を子どもの視点で捉えた対応は，新しい社会的養育を目指すわが国において，これから確実に必要とされるものであり，本書から学ぶべきことが多い。

　新しい社会的養育の実現に向けた変革の途上にある今，本書が刊行されることの意義は大きい。これまで子どもの「ために」取り組んできただけでは足りなかっ

た子ども視点での理解と対応が，WMP を通して可能になり，子どもと「ともに」を実現できると考える。乳幼児に関わるすべての養育者，支援者が本書に出会えることを心より願う。

早稲田大学人間科学学術院　教授
早稲田大学社会的養育研究所　所長

上鹿渡和宏

シリーズ編集者による序文

　1920 年の創立以来，タビストック・クリニック（Tavistock Clinic）——現在の
タビストック・アンド・ポートマン NHS ファウンデーション・トラスト[*1]——
は，メンタルヘルスに対する幅広い発達的アプローチを開発してきました。それ
らは，精神分析の考え方に強く影響を受けたものです。また，家族問題への理論
モデルや臨床アプローチとして，システミック家族療法を採用してきました。現
在タビストックは，英国で最も大きなメンタルヘルスのトレーニング機関のひと
つとなっています。タビストックでは，多いときには年間 600 人ものポストグラ
デュエート課程[*2]，博士課程，資格取得課程の学生たちが，ソーシャルワーク，
システミック心理療法，心理学，精神医学，看護学，そして子ども・思春期・成
人心理療法を学んでいるほか，2000 人ものさまざまな分野の臨床家，ソーシャル
ワーカー，教師たちが，精神分析的観察や精神分析的思考，そして幅広い臨床現
場や地域社会の現場における対応やリーダーシップに関する卒後トレーニングの
講座や会議に参加しています。

　タビストックの理念は，その目的として，メンタルヘルス分野の治療法の普及を
掲げています。その活動は臨床的な専門性に基づいていますが，これはタビストッ
クのコンサルティング活動や研究活動の基盤でもあります。本シリーズの目的は，
タビストックで最も影響力のある臨床，理論，研究の成果を一般の読者に届けるこ
とです。本シリーズは，個人としての，あるいは家族内での子ども・思春期・成人
の心理的障害を理解し，治療するための新たなアプローチを紹介しています。

　ジェニファー・ウェイクリンは，自身による『里親養育における乳幼児の理解と

[*1]【脚注はすべて訳注】英国の国民保健サービス（National Health Service, NHS）が運営
する国立医療機関で，経営面で国から大幅な自由を与えられた「基幹病院（foundation
trust）」のひとつ。
[*2]　大学院の修士課程，および，英国をはじめとする一部の国の大学院で開講されている，
修士課程から修士論文のみを省いたポストグラデュエート・ディプロマを取得できる
コースを指している。

支援——乳幼児観察から「ウォッチ・ミー・プレイ！」の実践へ』の紹介のなか
で，本書がいかにタビストックの理念や本シリーズの哲学と一致しているかを強
調しています。「現在も進行中の作業は，臨床的な実践と研究から得られた知見に
よるものですが，とりわけ，子どもたち，そして子どもたちの養育と支援に携わっ
ている大人たちとの出会いから学んだことに基づいています」。この思いやりに満
ちていて深く心を打つ本は，実親家庭で養育を受けられない子どもたちと，そのよ
うな子どもたちの養育を引き受ける大人たちの両方をそのまなざしの中心に据え
ています。「はじめに」では，里親養育や養子縁組の普遍性を生き生きと描いてい
ます。「あとがき」では，「注目」に焦点が当てられています。注目は，「子どもが
心に抱えられていると感じられるようにし，人格を支えるのに不可欠な内的連続
性を時とともに発達させられるようにする基本的な役割」です。

　本書で紹介されている治療的な作業や研究は，子ども・思春期精神分析的心理
療法士の研修の土台となっている乳幼児観察の原則に基づいていますが，ここで
はそれらを二つの形に発展させています。第一の形として，ウェイクリンは，自身
の博士課程の研究テーマでもあった治療的観察と，専門家によるメンタルヘルス
サービスにおけるその応用について述べています。後半では，治療的アプローチの
ひとつである「ウォッチ・ミー・プレイ！（Watch Me Play!）」を紹介していま
す。これは著者の友人の5歳の息子が名づけたもので，これらの原則を里親のため
の強力な治療的ツールに凝縮したものです。

　本書は，実親家庭で養育を受けられない子どものトラウマ——アタッチメント
の崩壊やさらにひどいトラウマ——をめぐる問題について，細心の注意を払いな
がら論じています。ウェイクリンはトラウマの影響をまっすぐに見つめながらも，
トラウマを抱えた子どもが助けを受けながらいかに力強く成長できるのかを示す
ことを選んでいます。彼女自身が語っているように，彼女は「別の，破滅的な軌跡
についての本」を書くこともできたかもしれません。つまり，このような背景をも
つ子どもたちの一部が，何人もの養育者のもとを転々としたり，さまざまな悪影響
を受けたりする顛末について書くこともできたでしょう。しかし彼女は，「大人か
らの注目に対する子どもたちの感受性，そして誰かが見守り，耳を傾けているとき
に子どもたちが示す雄弁さ」を証言することを選んでいます。このことを生き生き

と描くために彼女が用いているヴィネット[*3]や細やかな描写に，読者は否応なく引き込まれるでしょう。彼女が結論として述べているように，「トラウマの力動が反復強迫に支配されているのに対して，注目によってともにひとつに集まった集団は，何か新しくて明るいものを生み出す可能性を秘めている」のです。

　ウェイクリンがさり気なく言及しているこの子どもを取り巻く「集団」は，里親とその家族，ソーシャルワーカー，そしてより広範な専門家ネットワークを含んでいます。実際，本書『里親養育における乳幼児の理解と支援──乳幼児観察から「ウォッチ・ミー・プレイ！」の実践へ』は，共同作業のプロセス，養育者と養育を受ける子どもの両方をサポートするための協働的アプローチの重要性を立証しており，ウェイクリンの同僚である Marta Bacigalupi および Martina Weilandt と共同執筆した章も含まれています。彼女たちの作業は，精神分析的児童心理療法，臨床心理学，ソーシャルワーク，そしてプライマリ・メンタルヘルスケア（一次精神医療）に裏打ちされています。この作業と事例研究に示されている深みと繊細さは，長い間のしばしば痛みを伴う経験から学んだことについて，明瞭でわかりやすい文体で描かれています。Dilys Daws が序文のなかで雄弁に語っているように，人生をひどく混乱させられ，真に「見てもらう」ことに対する信頼を失った子どもたちを助けようとしている専門家のなかには，挫折感や圧倒されるような感覚を覚えている人もいるかもしれませんが，そのような専門家にとって，本書を読むことは，「治療的な」経験になることでしょう。

Margot Waddell

Jocelyn Catty

Kate Stratton

[*3] 本人を特定できないように状況や年齢，性別，職業，国籍などを変えた架空症例。

謝　辞

本書を書くにあたり，お世話になった多くの方々に感謝申し上げます。

本書を執筆することができたのは，タビストックの先生方やスーパーバイザー，同僚たちのおかげです。Dilys Daws と Roberta Mondadori は，私に観察の手ほどきをしてくださった最初の指導教官で，Dilys には序文も寄せていただきました。Deborah Steiner に感謝します。また，「ファースト・ステップ（First Step）」[*4] および地方自治体でご一緒した同僚たちに感謝します。William Halton には，支援と指導をいただきました。Wendy Lobatto は，臨床研究と社会的養護の幼い子どもたちと関わる仕事を一貫して支援してくださいました。Tatjana，Thorsten，Elias，そして Sam に心から感謝します。

タビストック里親養育・養子縁組ワークショップのメンバーたち，そして「ウォッチ・ミー・プレイ！（Watch Me Play!）」評価プロジェクトに参加された方々には，フィードバックとディスカッションに貢献していただきました。友人や同僚たちからは，支援，批判，助言，そして提案をいただきました。特に，Claudia Carr，Marta Cioeta，Kathryn Fenton，Patrizia Gatti，Ruth Gilbert，Julia Gannon，Jackie Hall，Carol Hardy，Jonathan Hill，Thomas Hillen，Jeanne Kaniuk，Eilis Kennedy，Jenny Kenrick，Anoushka Khan，Kasia Macholla，Eamon McCrory，Elizabeth Meins，Sheila Miller，Elizabeth Murphy，Alice Noon，Giuseppe Paladino，Tatjana Pushkaryova，Mike Shaw，John Simmonds，Maria Rhode，Margaret/Michael Rustin，Brenda/Leah Taylor，Luisa Carbone Tirelli，Judith Trowell，Carlos Vasquez，そして Gianna Williams に感謝します。

タビストック・クリニック財団からの資金提供，そしてタビストック児童家族部門からのサバティカル（研究休暇）のおかげで「ウォッチ・ミー・プレイ！」に

[*4] タビストックで提供されている，社会的養護の子どもたちのための心理スクリーニングおよびアセスメントサービス。

関する研究ができたことに深く感謝します。また，ロンドンのファウンドリング博物館とブリッジマン・イメージズには，ホガース*5 の『ファラオの娘の前に連れてこられたモーセ（Moses Brought before Pharaoh's Daughter）』の画像使用許諾をいただきました。ありがとうございました。

　Jocelyn Catty, Sarah Colquhoun, Imogen Davies, Dilys Daws, Anna Fitzgerald, Jane Hunter, 御園生直美，そして Martina Weilandt は，本文を読んで多くの有用なコメントや提案をくれました。Martina Weilandt と Marta Bacigalupi には，第5章に寄稿していただきました。タビストック・クリニック・シリーズの編集者である Margot Waddell, Jocelyn Catty, そして Kate Stratton は，いつもサポートや建設的なアドバイスをくれました。また，Routledge 社の編集者である Charles Bath は，出版プロセスを穏やかに監督してくださいました。感謝申し上げます。

　夫 David Matthews は，本文について助けになるコメントをくれました。また，あらゆる段階で，私に自信と励ましを与えてくれました。感謝しています。

　なにより，私に多くのことを教えてくれた子どもたちやご家族，そして専門家の皆さんに心より御礼申し上げます。

---

*5　ウィリアム・ホガース（William Hogarth, 1697-1764）は，18世紀の英国画壇を代表する画家で，ファウンドリング・ホスピタルの初期の理事の一人である。当時英国で活躍していた芸術家たちに作品の寄付を呼びかけ，英国における公的美術館の先駆けとなった。

序　文

　本書は読む人の心に訴えかけてくる本で，特別な背景があります。著者である
ジェニファー・ウェイクリンは，早くから美術史への，そして歴史的絵画の美しさ
と深みへの関心を抱いてきました。そしてそれが本書のなかに息づいているので
す。ジェニファーは，これらの絵画を「見る」ことを学びました。そして，このよ
うな細やかな視線，辛抱強さ，感情の強さ，さらに意味の発見を，特に精神分析的
観察からのアイデアを用いて，子ども・思春期心理療法士としての仕事にも取り
入れているのです。本書の中に出てくるひとりの子どもの美しい絵画は，ここで表
現されている感情や考えの深さを知るためのひとつの手がかりとなっています。
ジェニファーは，社会的養護を受けることになった乳幼児たちの置かれている状
況に注目しています。アプローチ方法のひとつである「ウォッチ・ミー・プレ
イ！」は，ひとりの子どもをただ単に見るだけではなく，その声に耳を傾けるこ
と，そしてその子どもの創造性を認識することによって，その名がつけられたもの
です。

　ジェニファーと私が出会ったのは 22 年前，彼女が児童心理療法士としての研修
を受け始めたばかりの頃に，私の乳幼児観察セミナーにやってきたときのことで
した。当時はまだ自宅でこのようなセミナーを開催し，この仕事にもうひとつ個人
的設定の次元を加えることができていました。わが家の居間にはたくさんの絵画
が飾られていて，そのうちのいくつかはオーストラリア人で画家だった最初の夫
の作品でした。それが私のセミナーを豊かなものにし，おそらくジェニファーと私
を結びつけてくれたのだと思っています。

　絵画というテーマに沿って論じるなら，ホガースのモーセの絵は，ウィニコット
がトラウマの本質だとした「個人の存在の連続性の断絶」を鮮やかに描き出してい
ます。これは，本書のメインテーマのひとつです。ジェニファーが言うように，
「慣れ親しんだ世界から離れる時が迫っているひとりの子どもが，自分ひとりで踏
み出さなければならない一歩に立ち向かっている」様子が描かれているのです。

本書の内容の多くは悲痛なものです。私がこの本を読んでいるとき，ある友人が，彼女の成人した息子さんが子ども時代のクリスマスプレゼントを懐かしく思い出していると語ってくれました。「お母さんには，僕たちがどんな発達段階にあって，どんなおもちゃで遊ぶのが大好きなのかが正確にわかっていたよね」。本書は，深く心から知ってもらうことがなかった子どもにどのような結果がもたらされるのかについて書かれていますが，同時に前向きな本でもあります。里親，養父母，そして専門家といった，社会的養護を受けている子どもと関わっていて，子どもたちが耐えてきた剥奪についての知識をもっていなければならない立場の大人たちをサポートしてくれるものです。ジェニファーは，子どもを今理解することで，その子どもが過去に受けてきたダメージはいくらか修復できるという希望を与えてくれます。彼女が言うように，この本のなかで実例とともに紹介されている観察的作業の方法は，自分の経験は他者に理解され，気にかけてもらえるのだと子どもたちが感じられるように助けることを目指しています。また，これらの方法は，大人は自分の面倒を見てくれるという信頼を失っている，あるいはそのような信頼を一度も抱いたことのない子どもたちと心を通わせられるように，養育者を助けることも目指しています。

　人生を混乱させられ，真に「見てもらう」ことに対する信頼を失った子どもたちを助けようとしている専門家のなかには，挫折感や圧倒されるような感覚を覚えている人もいるかもしれません。そのような専門家にとって，本書『里親養育における乳幼児の理解と支援——乳幼児観察から「ウォッチ・ミー・プレイ！」の実践へ』を読むことは，「治療的な」経験となることでしょう。冷静で洞察力に富むと同時に，非常に豊富な知識に裏打ちされたジェニファーの文体に，読者は信頼感を抱かずにはいられないでしょう。彼女はまた，タビストックで児童心理療法に携わっている多くの同僚たちの著作を引用することも惜しみません。彼ら自身もまた，その著作のなかで，精神分析的な考え方，特に精神分析的観察が，ソーシャルワークとメンタルヘルスのより広い領域でいかに有用であるかを示しています。

　ジェニファーはひるむことなく，社会的養護のもとにいる子どもたちが直面する多くの困難を認識し，記述しています。最後に，彼女の最も前向きな主張を強調しておくことは価値があるでしょう。すなわち，「全体としては，里親養育に対す

る子どもたちの見方は驚くほど前向き」なのです。里親養育を受けることで,「自分のことを気にかけてくれる適切な家族をもつ」初めての経験をする子どもたちもいるのです。

Dilys Daws

日本語版によせて

　本書が日本の読者の皆さんのお手元に届くことを大変嬉しく思っています。そ
れを叶えてくださった御園生直美さん，岩﨑美奈子さん，翻訳家の佐藤明子さん，
そして誠信書房の皆さんに感謝しています。また，日本で社会的養護を受けている
乳児や幼児たちが，よりいっそう敏感性のある養育的関わりを経験することがで
きるように，治療的アプローチを開発して適用する機会を作ることに関心をもち，
支援してくださっている上鹿渡和宏教授にも，この場を借りて御礼申し上げます。

　日本の読者の皆さんには，本書のなかで説明している「敏感性と情緒的関与のあ
る観察に基づくアプローチ」の精神分析理論的基盤に興味をもっていただけたら
嬉しく思います。また，これらのアプローチを日本の文化に合った形で適用する多
くの可能性が生まれてくることにも期待しています。乳児や幼児の発達と健やか
な成長には，個別の注目がとても重要です。そしてこれは，恐怖や苦痛，喪失感を
抱えて生きてきた赤ちゃんや子どもたち，そして主要な養育者が代わった経験の
ある赤ちゃんや子どもたちには，とりわけ重要なのです。本書がお子さんをもつ
方々や，実親家庭で養育を受けることができない子どもたちを育てている方々に
とって，ご自分がお子さんに与えることができる注目の価値について自信を深め
ていただく一助となれば，著者として何よりの喜びです。

ジェニファー・ウェイクリン

Jenifer Wakelyn

目　次

は じ め に

　時代を超えて，どの文化においても，里親や養父母たちは実親家庭で養育を受けられない子どもたちを愛情を込めて育ててきました。新しい家族の安定性と愛情によって，多くの子どもたちが健やかに育ちます。しかし，なかには逆境が続く子どもたちもいます。トラウマ，剥奪，そして複数の養育者からの養育はいずれも，傷つきやすい乳幼児の心理的ニーズに応える大人たちの能力に影響を及ぼすことがあります。子どもの安全を確保すること，あるいは誰が子どもの面倒を見るのに一番ふさわしいのかを決めることに不安があるような状況では，子どもの情緒的な困難は大人に気づかれにくくなるかもしれません。たくさんの大人が子どもの養育に関与していると，重要な出来事や関係性についての理解が失われてしまうことがあります。馴染みのない大人による養育を受けることになった子どもや，大人が信頼できるのかどうか確信をもてない子どもは，他人に伝えることができない一方で自分ひとりで対処することもできない記憶や経験をもち続けることになるのです。

　本書は社会的養護のもとにいる子ども，そしてその養育者たちを支援することを目的とした治療的アプローチについて書かれたものです。連続性の破綻が「家族のエンベロープ（family envelope）」[6] を超えて生きる子どもたちに与える衝撃を，養育者や代替養育システムを担っている専門家がいかに和らげられるのかを探ることを目的としています。本書はおもに，ソーシャルワーカー，教師，医療従事者など，職務上，社会的養護のもとにいる最も幼

---

[6] フランスの精神分析医アウゼル（Houzel, 1996）による用語。家族が作り出す感情的，心理的空間を表す。

い子どもたちと交流する機会のある専門家に向けて書かれていますが，行政や指導的立場の方々の役にも立つでしょう。また，社会的養護のもとにいる子どもたちの置かれている状況のより広範な背景や，精神分析的乳幼児観察の応用に関心のあるメンタルヘルスの臨床家，そして乳幼児や幼児がどのようにして代替養育システムにつながり，どのような経験をするのかについて，もっと理解したいと思っている一般の方々にも役立つことを願っています。

　本書で紹介している現在も進行中の取り組みは，臨床的な実践と研究から得られた知見に基づいていますが，とりわけ，子どもたち，そして子どもたちの養育と支援に携わっている大人たちとの出会いから学んだことに裏打ちされています。実例を用いて説明している観察の方法は，自分の経験は他者に理解され，気にかけてもらえるのだと子どもたちが感じられるようにすることを目的としています。また，これらの方法は，大人は自分の面倒を見てくれるという信頼を失っている子どもたち，あるいはそのような信頼を一度も抱いたことのない子どもたちと心を通わせられるように，養育者を助けることも目的としています。ここでは二つのタイプのアプローチを紹介しています。ひとつは治療的観察で，複雑な問題や困難な状況にある子どもたちへの，専門家による中・長期的な臨床アプローチです。もうひとつは「ウォッチ・ミー・プレイ！」で，専門家も家族も同じように使えるより取り組みやすいアプローチとなっています。「ウォッチ・ミー・プレイ！」はすぐに実践でき，子どもの心配事や困難はもちろんのこと，強さや関心事についても理解を深める助けになるでしょう。

移行のただなかにいる子どもたち

　2016年から2017年にかけて，約13,000人の0〜4歳までの乳幼児が社会的養護を受けることになりました。これは英国で毎年社会的養護につながる子どもたちの3分の1以上にあたります。社会的養護のもとにいる子どもたちは皆，親から代替養育者へと基本的な境界線をとびこえており，「家族の

エンベロープ」（Houzel, 1996）の破綻を経験しています。子どもによっては胎児期に薬物やアルコールに曝されたり，あるいは虐待やネグレクトによるトラウマによって発達が損なわれることもあります。幼少期のトラウマや主な養育者との関係性が断絶したことへの防衛的適応が，こうした人生早期の困難をさらに悪化させています。

　親と子ども，あるいは養育者と子どもの関係性における早期の難しさが，重大で長期にわたる影響を及ぼすことは広く認識されています。しかし，早期介入への投資拡大を求めて繰り返された政策上の呼びかけは，医療エコノミストによって，その潜在的利益がはっきりと示されていたにもかかわらず（Allen, 2011; APPG, 2015），資金提供にはほとんど，あるいはまったくつながりませんでした。英国における社会的養護のもとにいる子どもたちの著しい増加——2008〜2009 年の 59,500 人に対し，2016〜2017 年の 72,670 人（DfE[*7], 2017）——にはいくつかの要因がありますが，とりわけ，2008 年の金融危機以降，チルドレン・センターや親のための早期支援サービスへ提供される資金が削減されたことが影響したようです（Family Rights Group, 2018）。また，応答性のある子育てにとってはあまり好ましくない社会的変化や文化的傾向も，家族からの養育を受けられない子どもたちの増加につながっていると考えられます。

　新しい養育者のもとへの移動は，実親からの養育を受けられない子どもたち全員に共通する主要な経験です。異なる時代にも同じような動きが見られます。現在，ロンドンのファウンドリング博物館に展示されているホガースによる幼少期のモーセの絵は，社会的養護のもとにいる子どもたちが時に繰り返し経験する移行の核心へと私たちを連れていってくれます。聖書の物語では，モーセの母親は，生まれたばかりの男の子は皆殺さなければならないという法令からわが子を救うため，エジプトの支配者の娘に見つけてもらえる場所にモーセを寝かせたバスケットを置くと，自分自身は赤ちゃんの面倒を見ることができる乳母として姿を現しました。

[*7] 英国教育省（Department for Education）

図1 「ファラオの娘の前に連れてこられたモーセ」(1746)，ウィリアム・ホガース［ファ
ウンドリング美術館内，コーラム*8 所蔵］
Moses Brought before Pharaoh's Daughter（1746），by William Hogarth［1697-1764］．（Coram in
the care of the Foundling Museum, London/Bridgeman Images.）

　1739 年にトーマス・コーラム（Thomas Coram）によって設立された
ファウンドリング・ホスピタル*9 は，最初の 4 年間で自分の子どもの面倒を
見ることができなくなった母親に遺棄された，約 15,000 人の孤児や赤ちゃ
んを受け入れました。ホガースとその妻は初期の支援者で，何人かの赤ちゃ
んを，彼らが 4 〜 5 歳になって病院に引き取られるまでのあいだ子どもとし
て養育しました（Uglow, 1997）。ホガースの絵は，20 世紀の小児科医で精神
分析家であるドナルド・ウィニコット（Donald Winnicott）がトラウマの本

<hr>

*8 ファウンドリング・ホスピタルの精神を受け継いだ慈善団体。
*9 「遺棄された子どもの施設」の意。

質だとする「個人の存在の連続性の断絶」を鮮やかに描き出しています（1967, p. 22）。この絵には，公共の作品にしては珍しい親密さがあります。刻一刻と迫っている分離は，胸を締めつけるような「手のことば」で伝えられています。すなわち，母親の陰に隠れるようにして母親の服をぎゅっとつかんでいる子どもの手が，椅子にもたれた王女が差し伸べている明るく照らされた手と対照をなしているのです。慣れ親しんだ世界から離れる時が迫っている子どもが，自分ひとりで踏み出さなければならない一歩に立ち向かっている——その様子をホガースが描いた背景には，ホガース自身の分離の経験があったようです。

本書の概要

　第1章では，乳幼児のメンタルヘルス，マルトリートメント（不適切な養育），代替養育に関する広範な研究文献を参考にしながら，社会的養護のもとにいる子どもに影響を与える逆境に関する古典的な研究と最近の研究を厳選し，レビューしています。この章では，虐待やネグレクトを受けた子どもたちに里親養育がどのような恩恵をもたらしうるのかを概説し，すべての子どもたちが必要としている愛情と思いやりのある養育を，妨げたり促進したりする要因を探ります。第2章では1940年代にタビストック・クリニックで最初に開発され，現在では世界中でメンタルヘルスやソーシャルケアの研修に用いられている，精神分析的乳幼児観察のモデルについて説明します。さらに，心理的な経験と人との関係性が何より重要であることに焦点を当てることを目的とし，細やかな観察に基づいた，傷つきやすい子どもたちに対する治療的な働きかけの方法を探ります。

　読者のなかには，私が臨床研究として行った，里親家庭における10カ月間の治療的乳幼児観察の事例を提示し考察している，第3章と第4章から読み始めたいという方もいらっしゃるかもしれません。第5章は，同僚のマルタ・バチガルピとマルティーナ・ウェイラントと一緒に書いたもので，専門家によるメンタルヘルス・サービスに治療的観察を応用した事例を紹介しま

す。第6章では取り組みやすい介入である「ウォッチ・ミー・プレイ！」の開発について説明し，実例を紹介します。そして最後の第7章では，このアプローチの実践で考慮することの概要を提示します。第7章で使用している資料の多くは，タビストック・クリニックが資金を提供したプロジェクトの一環として行われた，ソーシャルワーカー，里親，養親，交流スーパーバイザー，そして医療従事者とのディスカッションから得られたものです。守秘義務があるため参加した方々の名前は伏せますが，ご協力いただいたすべてのことに感謝しています。「おわりに」では注目することの本質と，心理的な成長やウェルビーイングにとっての観察の重要性について，締めくくりとなる考察をしています。

　事例はすべて守秘義務を守るために加工してあります。短い臨床ケースの一部は複合例ですが，すべて社会的養護のもとにいる子どもたちに対する専門家によるメンタルヘルス・サービスにおける仕事から得られたものです。子どもたちが社会的養護に至った経緯や，一部の子どもたちが直面し続ける困難や苦しみは痛ましいものです。臨床事例は読者の心をかき乱すかもしれません。しかし，それらが子どもたちの雄弁さや成長への熱意，そして養育者や子どもたちを支える専門家たちの献身をも示してくれることを願っています。

用語について

　"Children in care"（「社会的養護のもとにいる子ども」）と "looked-after children"（「代替養育を受けている子ども」）は，英国ではほぼ同義です。私は主に前者を使っています。

6

見てもらうということ

　応答してくれる大人とのやりとりは，赤ちゃんが生まれた瞬間から，その発達と密接に関連しています。親が赤ちゃんのことを考え，赤ちゃんが何を感じているのかを理解しようとするとき，親は赤ちゃんの発達にとって非常に重要な何かを提供しているのです。親が泣いている赤ちゃんに注意を払うことができると，恐怖，空腹，不快といった非常に強い感情も理解が可能となり，赤ちゃんは注意を払われ，自分のことを考えてもらうという経験をします。このようなやりとりの繰り返しによって，赤ちゃんは，自分が応答され，真剣に受け止められ，世話をされ，助けられるということに期待をもてるようになります。精神分析家のビオン（Bion, 1962）は，赤ちゃんと親のあいだのこの情緒的な結びつきをコンテインメント（包容）と呼びました。ウィニコットにとっては，母親が直感的に提供する赤ちゃんの気分やニーズへの受容性や応答性は，「抱えること（holding）」の一形態であり，これによって赤ちゃんは「存在し続ける（going-on-being）」(1962) 感覚をもてるようになります。赤ちゃんのニーズに対して親の没頭する度合いが高まることは，親子の絆を強めるための自然の摂理だと思われます。

　コンテインメントは情緒的な成長の土台となります。乳幼児の生々しくて非常に強い感情は受け止められ，同時にそれらに変化がもたらされます。感情は養育をする大人に理解され言語化されると，あるいは単に受け入れられるだけでより消化しやすいものとなり，子どもを圧倒することも少なくなるのです。児童心理療法士のホクスター（Hoxter, 1977）は，これを次のように

7

表現しています。

　　自分自身の問題に没頭しすぎていない母親は，赤ちゃんの行動，すなわち，さまざまな泣き声，足の蹴りや叫び声，不活発や元気のなさ，微笑みやのどを鳴らす音などに応答します。母親は，まるでそれらの行動には意味があり，応答すべきものだと信じてるかのようです。彼女の応答は，その赤ちゃんが「行動には意味があり，相手に意思を伝達するものである」ということを自分自身で少しずつ認識できるようになるための，欠くことのできない前提条件なのかもしれません。このような経験は，無数のささやかな出来事を通して蓄積されていきます。[p. 215]

　さまざまな視点から子どもの研究に臨んでいる精神分析の著作家や子ども発達の研究者たちは，養育者との最早期の経験が人格形成に重要であるとの認識で一致しています。ハーバード大学子ども発達センター（Harvard Center for the Developing Child, 2018）は，子どもと養育者のあいだの調律された相互作用のサイクルを「サーブ・アンド・リターン」の比喩を用いて説明しています。赤ちゃんは「サーブ」（投げかけ）する，すなわち，わずかに口を開いたり，舌を動かしたり，眉毛を上げたりしてシグナルを送ります。親や養育者はこれを注意深く見て，赤ちゃんの表情を真似たり，おそらく少し大げさにしたり，わずかに変化を加えたり，あるいは音を合わせたりして「リターン」（投げ返し）します。赤ちゃんも同じくらい夢中になって大人の顔を見ます。このように「サーブ・アンド・リターン」を繰り返していると，赤ちゃんの顔も大人の顔も同じように輝いてきます。これは赤ちゃんがひと休みするために目をそらすまで続きます。このような一連のやりとりのあいだ満足を与えるホルモンが放出され，赤ちゃんも親もこれをさらに続けたくなります。その結果，子どもと養育者のあいだの絆は強化されるのです（Ungar, 2017）。

　　生後1年半までの子どもの膨大な量の活動は非常に社会的で，コミュニケー

ションに富んでいます。……さまざまな生得的な応答パターンによって，子ども
の母親（または母親以外で世話をする人）に対するアタッチメントがはじめの段
階で確かなものになると，非常に早く互恵性が生まれ，赤ちゃんはそれを予期し
て信頼するようになります。[Bruner, 1983, p. 72]

　ゲルハルト（Gerhardt, 2015）は，著書『なぜ愛が大切なのか（*Why Love
Matters*)』のなかで，人生早期の経験が人格形成に重要であるとした最初の
精神分析家たちの仮説を立証する神経科学的な発見について，非常に魅力的
な説明をしています。もうひとつのわかりやすい説明は，マレーとアンド
リューズの書著『社会的な赤ちゃん──誕生時からの赤ちゃんのコミュニ
ケーションを理解する（*The Social Baby: Understanding Babies'
Communication from Birth*)』（Murray & Andrews, 2005）のなかにあり，こ
ちらは写真つきです。
　お互いにしっかりと注目し合っているあいだ，乳幼児の生理学的システム
は完全に活性化されています（Music, 2016）。乳幼児の脳，さらには乳幼児ほ
どではないですが，応答する大人の脳にも新たな神経のつながりが生まれ，
感情を認識したり考えたりする能力が高まるのです。自分の出すシグナルに
親や養育者がしっかりと注目してくれる赤ちゃんは，この双方向の「ダン
ス」のなかで，パートナーの表情豊かな顔や声に応じてさまざま感情を経験
します。ドーズとデ・レメンテリアは，著書『赤ちゃんと一緒に乗り越える
──親と赤ちゃんの情緒的生活（*Finding Your Way with Your Baby: The
Emotional Life of Parents and Babies*)』（Daws & de Rementeria, 2015）のな
かで，他者に自分の感情を理解してもらう，知ってもらう経験をするという
基本的な安心感を得ることによって，どのようにして赤ちゃんが人間の幅広
い感情を理解できるようになるのかを説明しています。通常の子育てではこ
の応答的なやりとりが何度も繰り返されます。誤解や中断は日常茶飯事です
が，その後何が間違っていたのかを理解し修復する努力をすることによっ
て，乳児と親のカップルはもとの状態に戻ることができるのです。見てもら
い注意を払われること，そして中断や不一致の後に再び同調することは他者

との関わりの基本的な経験であり，これによって乳幼児は時とともに自分自身の感情を理解できるようになります（Stern, 2004; Trevarthen, 2001）。このような非常に複雑な相互作用を日常的に経験している乳児は，次第に自分の感情を自分で調整する能力を身につけていきます。

乳幼児期の逆境

トラウマとトラウマへの反応

　親による養育を受けることができない子どもたちの場合，安全で養育的かつ刺激をくれる環境の中で見てもらい，応答してもらうという早期の基本的な経験は中断されているか，または一度も確立されたことがないかもしれません。このような調律の経験を欠いているか，またはこれが著しく少ない乳幼児は，発達の過程で苦しむ可能性が高くなります。理解や慰めの応答がない場合，大人の養育者に全面的に依存している乳幼児の感情は激しくなり，そうした感情が乳幼児に耐えられないほど長く続くと，それは圧倒的に悪いもの，ただ単に捨て去らなければならないものとして経験される可能性が高いのです。神経科学者は，結果として生じる「有害なストレス」が乳幼児の脳に定着する経路を発見しました（Perry, Pollard, Blakley, Baker, & Vigilante, 1995; Schore, 2001）。当面の危険から自己を守るサバイバルモードは，情動を認識して調整する脳の領域を迂回します。脳のこうした領域が発達し損なうと，過覚醒，調整不全，解離といった防衛的反応が，危険が去った後もずっと，遊びや社会的相互作用や学習を妨げるのです。

　トラウマとなる出来事は，感覚記憶やフラッシュバックという形で心身に刻まれたまま残り，あとになって何らかの刺激によって瞬時に引き金を引かれることがあります。家族の暴力に曝された子どもの脳活動のパターンは，戦闘に曝された兵士の脳活動のパターンに似ていることがわかっています（McCrory, De Brito, & Viding, 2011）。脅威に対応するための生理学的システムが完全に活性化されている一方で，肯定的で愛情に満ちた経験を記憶し，認識し，それに反応する脳内システムはあまり発達していません。これはつ

まり，経験のこうした側面が，その人のリソースとして利用困難であることを意味しています。

　メンタルヘルスの問題や世代を超えた家族の困難は，しばしば虐待やネグレクトを理由に社会的養護につながる子どもたちの背景となっています。身体的・性的・心理的虐待，ネグレクト，深刻な家族機能不全といった形でのマルトリートメントは，子どもが社会的養護につながる最も一般的な理由です（DfE, 2017）。これらの逆境は累積され影響を受けますが，乳幼児期の発達の基本となる調律された相互作用の欠如によって，さらに悪化する可能性が高いです。というのも，自分の子どもに害を与える親たちは，子どものサインに応えることに難しさがある可能性が高いからです。ブランドンら（Brandon et al., 2014）は，報告書「逸した機会：ネグレクトの指標——何が無視されているのか，なぜ無視されているのか，そして何ができるのか？（Missed Opportunities: Indicators of Neglect ― What Is Ignored, Why, and What Can Be Done?)」のなかで，ネグレクトが最も一般的なマルトリートメントの形態であり，長期的には身体的虐待や性的虐待と同じくらい，あるいはそれ以上に有害であると強調しています。重度のネグレクトを受けた子どもたちは，混沌とした不衛生な環境のなかで育ち，食事や睡眠や排泄などの規則的なルーティン（日課）もなく，不慮の傷害を受けたり見知らぬ大人の目に曝されたりすることがあります。なかには，愛情，注目，刺激をほとんど，あるいはまったく受けていない子どももいます。監督を怠った結果，子どもたちが大人同士の暴力や争いに曝されたり，性行為に曝されたりすることもネグレクトの範疇に入ります。

　愛情のこもった養育と敏感に反応してくれる注目という，基本的なニーズが満たされていないままだと，自己価値や自己主体感の著しい欠如が続き，引きこもってしまったり，極端な状況では成長障害に陥ることもあります。子どもは身体的な外傷が専門家の注意を引くまでずっと，何年間も深刻なネグレクト状態におかれていることがあります。多くの里親は，ネグレクトされた子どもが自分たちのもとにやってきたときの状態に深くショックを受けています。ネグレクトが重度で長期にわたっていた場合，子どもたちは栄養

状態が悪く，食べ物を盗んだりため込んだりすることがある一方で，ひどく肥満になっている子どももいます。幼児や年少の子どものなかには，一日のうち何時間もバギーに縛りつけられたままだったために，立ったり歩いたりすることができない子どももいます。見知らぬ人に驚くほど無差別に近づいてしまう子どももいます。また，引きこもり，他者の存在にはほとんど反応せず，苦痛を示すことも慰めを求めることもない子どももいます。愛情を奪われてきた子どもたちのなかには，慰めを求める感覚的な行動をとる子どももいます。これは大人の性行為や性的虐待に曝された後に見られることもあれば，身体的な愛情や慰めの代わりになっていることもあります。ネグレクトされた子どもたちの多くは言葉の発達が遅れており，しばしば医学的・歯科的なニーズに対応してもらっていません。

　一般的に成長している赤ちゃんは磁石のように大人の注目を引きつけますが，極端なストレスへの反応として，大人の注目をそらすような防衛的な関わり方を身につける赤ちゃんもいます。乳幼児の出すサインやシグナルが一瞬であったり，弱かったり，私たちが期待しているものとは驚くほど違っていたりすると，彼らに気づいて応答することが難しくなります。米国のフライバーグ（Fraiberg, 1982）らによる研究では，重度のメンタルヘルスの問題を抱えた母親に対する生後3カ月以降の赤ちゃんたちの反応が記録されています。赤ちゃんたちは親と一緒に治療を受けていたのですが，母親にとても怯えていたため，母親を見たり母親に近づこうとしたりしませんでした。なかには，母親がいる方向を見ていても，母親が話しかけても，認識している様子がまったく見られず，凍りついて感情を遮断しているように見える赤ちゃんもいました。このような赤ちゃんは母親に助けを求めることができず，恐怖や苦痛や不快感が解離のバリアをつき破ると，感情の嵐は非常に激しくなり，親にも臨床家にも慰めてもらうことはできませんでした。

　母親を避けている同じ赤ちゃんが，苦痛を感じている状態では別の姿を見せます。空腹，孤独，状態の変化，突然の騒音，あるいは識別することすらできない刺激は，このような赤ちゃんに無力感や混乱状態を引き起こすことがあり，その

とき赤ちゃんは叫び声を上げたり暴れ回ったりします。この狂乱状態は勢いを増してクライマックスに達し，赤ちゃんが疲労困憊して終わります。[Fraiberg, 1982, p. 619]

フライバーグの取り組みは，米国での大規模な早期介入プログラムの開発と世界乳幼児精神保健学会（World Association for Infant Mental Health）の設立につながりました。英国における児童心理療法の研修に初めて乳幼児観察を導入した精神分析家であるビックは，同様の乳児期のサバイバルメカニズムについて記しています。彼女はそれを「第二の皮膚（second-skin）」防衛（Bick, 1968）と呼びました。この考え方は，乳児の養育にコンテインメントと連続性がある場合，乳児は，身体を包んでいる物理的な皮膚に相当する「心的皮膚」（psychic skin）を発達させる，というものです。

何らかの理由で，コンテインメントが不十分であったり欠如していたりすると，赤ちゃんは心的皮膚を欠いているので，その代わりに自己の各部分をひとつにまとめて保持するために，筋肉の緊張による「第二の皮膚の」防衛に頼ることがあります。原始的な恐怖から自己を守るこれらの方法は，絶えず落ち着きなく動く筋肉の硬直という殻のなかに引きこもる，あるいは硬くてしっかりしたものにしがみつくといった形をとることがあります。ビックは，トラウマに曝されている一部の子どもたちを駆り立てているこの絶え間ない動きは，「止まらなければ落ちることはない」という無意識の前提のもとで，落ちてバラバラになるという原始的な恐怖からの防衛策なのだと考えました。

トラウマとそれが引き起こす反応は，長期的な発達，そして自己調整やアタッチメントや心理的ウェルビーイングのための能力に，重大な影響を与える可能性があります。

乳幼児のメンタルヘルスのニーズに対する認識不足

ランセット誌に掲載された，英国のマルトリートメントに関する画期的なレビューのなかで，ギルバートら（Gilbert et al., 2009）は，子ども虐待とネグ

レクトの発生率は一般的に考えられているよりも，はるかに高いことを強調しています。最も弱い立場にある子どもたちの精神的・肉体的苦痛を意識することで生じる無意識の防御は，心の機能を歪めてしまうことがあります（Britton, 1983; Rustin, 2005; Steiner, 1985, 1993）。子どもに対するマルトリートメントが非常に強い感情を喚起するがゆえに，言葉を発する前の子どもたちの経験が見過ごされてしまう可能性があるのです（Emanuel, 2006）。ファーガソンが行った児童保護におけるソーシャルワークの実践研究では，こうしたことがどのようにして起こりうるのかが示されています。脅威に曝されている状況下で，自分がサポートされておらず孤立していると感じていた専門家には，「助けようとしている相手から物理的・情緒的に離れ，さらには完全に解離することによって，耐え難い感情から自分自身を守る」傾向が強く見られました（Ferguson, 2017, p.1011）。この研究は，児童保護の専門家が——特に子どもの家族に脅威を感じている場合に——任務を遂行できるようにするためには，他の関係者との協働と省察的スーパービジョンという強固な構造が不可欠であることを浮き彫りにしています。

　苦痛が認識されないことは，社会的養護のもとにいる子どもたちにとって逆境のさらなる側面となりえます。子どもたちが怪我をしたり重大な危害を受ける危険性がある場合，身体的な安全を重視する必要がありますが，それが結果的に，子どもの体験の心理的な側面の見過ごしにつながってしまうことがあるのです。乳幼児は幼すぎて感情をもつことはできない，という考え方は今もなお根強く残っており，このような考え方は世代ごとに再発見されている感すらあります。1982年，フライバーグは乳幼児期のトラウマの影響に関するスピッツ（Spitz, 1945）の先駆的な研究に触れ，「1945年以降，乳幼児が愛や喪失や悲嘆を感じないなどと言うことは不可能だ」（Fraiberg, 1982, p.612）と主張しています。それにもかかわらず，それから30年以上経って行われた，社会的養護のもとにいる人種的に少数派の子どもたちを対象とした研究では，「乳幼児には基本的な身体的ニーズ以外のニーズはもっていないという見方が主流」であることが明らかになりました（Selwyn et al., 2008）。この知見は本書の第7章でまとめている研究のなかで，英国全土の

ソーシャルワーカー，臨床家，養父母，里親から得られた回答でも確認されており，ある参加者は，「彼らは忘れ去られた存在なのです」（cf. Wakelyn, 2018）とコメントしています。また多くの参加者が，社会的養護のもとにいる乳幼児の心理的ニーズに対するサービスや配慮の欠如についても報告しています。

　乳幼児のメンタルヘルスの問題に対する認識不足は，非常に幼い子どもをも活動停止させてしまうような大人との防衛的な関わりのパターンによって，拍車をかけている可能性があります。親との生活の中で，喜びや楽しみを与えられるような経験をしたことがない子どもは，自分自身が空っぽで，価値やアイデンティティがないと感じているかもしれません。拒絶されたりニーズが満たされなかったりすると，恥ずかしさを感じ，隠れようとする衝動に駆られてしまいます。また忙しい里親家庭では，子どもの身体的なニーズは満たされるけれども，個別の注目や親密さに対する根本的なニーズは見落とされてしまうような日常生活を送ることもあります（Meakings & Selwyn, 2016）。深刻なストレスを経験した子どもたちを対象としたハーディらの研究（Hardy et al., 2013）では，子どもたちが引きこもることによって大人の注意が子どもたちからそれてしまい，困っている子どもを助けようとする大人の通常の反応が鈍くなってしまう可能性が示されています。

　　多くの幼児や3〜5歳児は，自分のニーズや苦悩を直接養育者に伝えないような行動をとっていたため，養育者からの養育反応を引き出すことができませんでした……苦悩やフラストレーションを伝えはするけれど，養育者が助けたり慰めたりしようとするのを拒む子どももいました。養育者は，子どもが親密な交流に対する準備ができたことを知らせるシグナルを出すのを待つべきだと感じる傾向がありましたが，多くの子どもたちは回避的な反応をすっかり身につけていたため……養育者と子どものあいだにはよそよそしい関わりのパターンが定着してしまいました。[p. 271]

メンタルヘルスのサービスへの紹介不足

　社会的養護を受けている就学前の子どもたちは，メンタルヘルスの問題や発達障害のリスクが高い集団です。年齢に応じたアセスメントが行われていないため，彼らのニーズは発見されず，早期介入の機会が失われています。[Hillen, Gafson, Drage, & Conlan, 2012, p. 411]

　英国と米国の研究によると，5歳未満の社会的養護のもとにいる子どもたちのメンタルヘルスの問題の有病率は，45～60％であると報告されています（Dimigen, Del Priore, & Butler, 1999; Klee, Kronstadt, & Zlotnick, 1997; McAuley & Young, 2006; McCann, James, Wilson, & Dunn, 1996; Meltzer, Corbin, Gatward, Goodman, & Ford, 2003; Stahmer et al., 2005; Urquiza, Wirtz, Peterson, & Singer, 1994）。しかし社会的養護のもとにいる乳幼児は，治療がはるかに困難になる可能性がある児童期後期まで，メンタルヘルスのサービスに紹介されることはほとんどありません。アセスメントの，そしてサービスへのアクセスの複雑さが，乳幼児のメンタルヘルスの問題を認識して治療する上での障害となっているのです。就学前の子どものためのメンタルヘルスのアセスメントは，それ自体が複雑です。リーバーマン（Lieberman, 2002）は，「乳幼児の発達の可塑性という言葉は，子どもたちの利益に反して，適切な時期に介入しないことを正当化するために使われている」（p.5）と考えています。社会的養護のもとにいる子どもたちの場合，すべての病歴や発達歴をまとめることの難しさや，関与する可能性のあるさまざまなサービスの数の多さが，さらなる障害となっています（Reams, 1999）。スティグマや非難されることへの恐れ，そしてさらなる専門家の関与なしに子どもを助けたいと思う気持ちもまた，養育者やソーシャルワーカーが，子どもをメンタルヘルスのサービスへ紹介するのを躊躇させることもあります。

　多くの地域では，乳幼児のメンタルヘルスのサービスが廃止されているため，紹介できるサービスがありません。児童や10代の若者のあいだで自傷行為や自殺が大幅に増加したと同時に起こった資金削減によって，より低年

齢の子どもたちへのサービスは縮小されてしまったのです。現在，多くの子どものメンタルヘルスのサービスは，5歳未満の子どもの紹介を受け付けていません（Association of Child Psychotherapists, 2018）。その結果，子ども・思春期メンタルヘルスのサービスを利用することが難しくなっており，家庭医（general practitioner，以降GP）やソーシャルワーカーが幼い子どもたちを紹介することを躊躇している可能性があります。その一方で，トラウマの影響の否定も一因となっているかもしれません（Callaghan, Young, Pace, & Vostanis, 2004）。専門家たちもまた，介入が助けになるという自信がないために，心理的援助を求めて乳幼児を紹介することに消極的になっているのでしょう。

アタッチメント・パターン

　アタッチメントの研究は，乳幼児期の早期に確立された防衛的反応の影響について別の視点を与えてくれます。ジョン・ボウルビー（John Bowlby）とメアリー・エインズワース（Mary Ainsworth）による先駆的な研究では，養育者との関係性のなかで子どもが得る最初の経験によって形成されると思われる，アタッチメントの一貫したパターンが特定されました（Ainsworth, Blehar, Waters, & Wall, 1978; Bowlby, 1969）（Howe, 2005; Prior & Glaser, 2006 も参照のこと）。彼らが考案した「ストレンジ・シチュエーション法」と呼ばれる実験的状況では，子どもは母親が一緒にいる部屋でおもちゃで遊びます。そして母親は部屋を出て見知らぬ人が入ってきます。数分後に母親が戻ってきて子どもを迎えます。そのとき戻ってきた親に対する子どもの反応には，驚くほど一貫したパターンが認められることが明らかになりました。ある子どもは，見知らぬ人と一緒においていかれると，抗議したり不安を表したりします。そして母親が戻ってくると慰めと親密さを求め，安心と慰めが得られると遊びに戻っていきます。このようなアタッチメントのパターンは，「安定型」と呼ばれます。アタッチメントのパターンが「不安定型」とされる子どもは，戻ってきた親に慰めや安心を求めて頼ることはありません。分離に苦痛を感じたり再会に安心したりすることもなく，影響を受けていな

いかのように見えることがあります。不安定型のアタッチメント・パターンをもつ子どもたちは，一見すると自立しているように見えますが，その表面上の冷静さの裏では高い緊張を経験しており，それはストレスホルモン，筋肉の硬直，そして心拍数の増加といった形で表れます。不安定型のアタッチメントを示す子どもたちは，苦しいときにもはっきりとしたシグナルを出さないこと，そして主な養育者に慰めを求めないことを早い段階で学習しています。このアタッチメント・パターンは，児童期後期や成人期における不安や抑うつといった，メンタルヘルスの問題を抱えるリスクを高めます。

　深刻な虐待を受けた子どもたちは，養育者との分離や再会に対してさらにまとまりのない方法で反応する傾向があります。このグループの子どもたちは，養育者に対して反応するための予測できる方法を持っていません。戻ってきた親への反応は奇妙であり，観察するのが苦しくなることすらあります。凍りついたように動かなくなったり，自分の頭を叩いたりする子どももいます。親に向かって突進したかと思うと，方向転換して親から遠ざかる子どももいます。こうした子どもたちは親や養育者のことを，自分を怯えさせる存在，あるいは怯えている存在として経験している可能性が高く，「無秩序型」と表現されるアタッチメント・パターンをもっています。無秩序型のアタッチメントは，身体的・心理的・性的な虐待，あるいはもっとわずかな，子どもが処理できないような葛藤のメッセージから生じることがあります。このような子どもの親は，自分自身も未解決のトラウマに苦しんでいる可能性があり，予測不可能なやり方で行動する傾向があるため，子どもは「解決策のない恐怖」を感じ続けることになるのです（Main & Solomon, 1980）。無秩序型のアタッチメントは，児童期や成人期におけるメンタルヘルスの深刻な問題と強く関連しています。

　　機能不全な親の応答は，実際に身体の自然なリズムを乱します。通常，激しい感情状態によって生理的に覚醒すると何らかの行動が起こされますが，いったん感情が表出されると生体は次第にくつろいで安静状態に戻ります。……しかし覚醒が鎮静化されないと，このリズムが乱れてしまうことがあるのです。……特に

心血管系は，感情が抑制されても活性化されたままです。……そうなると，感情状態の直接的な処理が行われるのではなく，システム内に乱れが生じてしまうのです。[Gerhardt, 2015, p. 43]

回避型や無秩序型のアタッチメント・パターンのために，非常に幼い子どもであっても養育者からの慰めを拒絶することがあります。不安定型や無秩序型のアタッチメント・パターンをもつ子どもたちは，その突然の，時には警戒心を抱かせるような気分の変化から，周囲の人には「支配的」または「操作的」と思われてしまうことがあります。反対に，無気力や引きこもりが満足している状態であると勘違いされることがあります。フライバーグが治療していた，苦痛を感じていた乳児の例で見たように，軽減されない苦痛が耐え難くなると，それは予測不能，あるいは過度に思われる形で表出されます。親や代替養育者が差し出す慰めは，いかなる感情の表出をもはねつけるように見える子どもによって，拒否されることがあります。その結果，子どもに手を差し伸べようとする大人が落胆してしまい，今度は大人の方が子どもから手を引いてしまう可能性が高くなるのです。

マルトリートメントを経験したことのある子どもと，肯定的で温かい，一貫性のある建設的なやり方で関わっていくことは，養育者にとって難しいことがあります。子どもが脅威を過剰に警戒していて，報酬にはあまり敏感でなく，情動調整が苦手で実行機能のスキルが低い場合，子どものニーズを満たそうとしている人たちのなかに，しばしば否定的な感情や不公平感が呼び起こされることがあります。[Gerin, Hanson, Viding, & McCrory, 2019]

親密さと信頼のみならず，探索と個性化に対する心理的ニーズを満たすことができるように，できるだけ早い段階で防衛的な関わり方に対処することが重要です。アタッチメントと探索の両方がアタッチメント理論に不可欠であるにもかかわらず，研究や専門的なトレーニングにおいて探索への注目度はずっと低いのです。ボウルビーはアタッチメントと探索を，発達のために

必要な二つの相互に作用するシステムとして説明しています（Bowlby, 1969）。

　　アタッチメント・システムは，乳児を養育者に近接させ，危害や捕食から保護するために存在します。探索システムは，周囲の状況について学ぶために乳児を世界に連れ出すことで，乳児が安全かつ効果的に機能する可能性を高めるために存在します。[Elliot & Reis, 2003, p. 320]

　アタッチメントの問題は，その後の修復的関係によって緩和されることがありますが（Rutter, 1998, 2003），それが起こらない子どもは二重の障害を経験する可能性があります。アタッチメントの欲求が満たされていれば，子どもは探索することができます。そして親以外の世界，新しい人間関係，そして遊びに興味をもつことができるのです。しかしアタッチメントの欲求が満たされない状態が続くと，探索が抑制されて新しい興味や経験を受け入れる能力が制限されてしまいます。ストレスが緩和されない状態が長く続くと，子どもは養育者からの慰めを受け入れたり，好奇心と喜びをもって親以外の世界に目を向けたりすることが少なくなり，遊びを通して安心感や満足感を得ることが難しくなります。

　子どもたちが人生で新しく出会う大人たちとどのように関わり，どのように反応するのかを決定づけてしまう防衛的適応を克服するには，多くの時間と努力が必要です。幼少期はアタッチメントの問題が定着してしまう前に対処できるチャンスでもあります。アタッチメント研究からの心強いメッセージは，「一貫した信頼できる養育者との親密で愛情に満ちた関係を築くことができた子どもは，新しい養育者のもとへ移らなければならない場合でも次の養育者との信頼関係を築ける可能性が高い」ということなのです。

保護因子

内的連続性

　アタッチメントの研究によると，外的な状況が同じでも，子どもによって
まったく異なる経験をすることがあります。アタッチメントが安定している
と，親がその場にいなくても，子どもの自己の内側にある自分を育み支えて
くれていると感じられる何かが，子どもが前進し続けるのを助けてくれるの
です。ボウルビー（1969）の概念に，「内的作業モデル」というものがありま
す。これは幼少期の経験に基づく養育者に対する期待によって形成され，そ
の後の子ども時代や成人期の人間関係を形作っていくことになります。メラ
ニー・クライン（Melanie Klein）は乳幼児を分析対象とした最初の精神分析
家ですが，人生の最初の1年のあいだ，自分のことを考えてもらい応答して
もらうという経験を繰り返すことで，子どもたちは彼女が「内的対象」
（Klein, 1958; Bower, 2005 も参照）と呼んでいる，親のような人物の表象で満
たされた「内的世界」を形成すると考えていました。クラインの理論では，
健全な発達は，自己の内部に取り込まれた助けになる愛情に満ちた人物に依
存しています。私はある保育所で，子どもたちが外遊びに出るときに，ひと
りの幼児が「コートを着て，暖かくしてね」と「母親のような」声の調子で
言っているのを耳にしたことがあります。このエピソードは，「自分のなか
の母親的な存在」という考え方を例証するものです。良い内的対象は情動を
調整することを可能にし，ウィニコットが「存在し続けること」（1962, p. 61）
の切れ目として説明した，痛みを伴う断絶から保護しています。

　養育してくれる人物を内在化できなかった子どもは，外的な現実だけでな
く心のなかでもより孤独になっています。通常，親は赤ちゃんを少しずつ世
界に連れ出します。しかし親から引き離された子どもは，基本的な境界線を
とびこえて，何もかもが馴染みのない世界で生きています（Kenrick, Lindsey,
& Tollemache, 2006; Rustin, 1999）。早期のトラウマやアタッチメントの崩壊，
養育者との親密な関係の欠如を経験した子どもたちには，内的連続性の感覚

を確立することはより困難です。

里親養育

里親家庭に留まる子どもや養子縁組された子どもの方が，マルトリートメントのあった家庭に戻された子どもよりも，肯定的な結果が一貫して報告されています（Berridge, 1997; Farmer & Lutman, 2010; Wade, Biehal, Farrelly, & Sinclair, 2010; Ward, Brown, Westlake, & Munro, 2010; Ward, Munro, & Dearden, 2006）。

> 現実には，里親養育はサクセスストーリーだということです。研究がはっきり示しているところによれば，ここ数十年のあいだに深刻な問題を抱えた子どもたちが社会的養護につながりましたが，一般的には，これらの子どもたちの福祉は時間の経過とともに改善されていったのです……
> 全体としては，里親養育についての子どもたちの見方は驚くほど肯定的です。里親養育をどのように，そしてなぜ改善するのかについて強い意見をもってはいますが，彼らの全体的なウェルビーイングは驚くほど高いのです。［Narey & Oates, 2018, p. 9］

これは，ブリストル大学のハドレー養子縁組・里親養育研究センターによる子どもと里親の見解に関する調査をもとにした，教育省による里親養育のレビューの結論です。里親養育によって，「自分のことを心配してくれる適切な家族がいる」という初めての経験をする子どももいます。つまり，自分の気持ちに気づき，学習や友人関係や課外活動をサポートしてくれる家族というものを初めて経験するのです。多くの子どもたちは社会的養護につながった後，身体的な健康状態，身長，気分，人間関係，学習などに顕著な改善が見られます。最近の調査（Selwyn, Magnus, & Stuijfzand, 2018）では，社会的養護のもとにいる子どもたちや若者たちの圧倒的多数が養育者を信頼しており，委託先では安全で愛されていると感じていることを報告しています。社会的養護に留まる子どもたちや養子縁組された子どもたちの方が，不

適切な養育をする実親のもとへ戻された子どもたちや，社会的養護を断続的に受ける子どもたちよりも，大人になってから安定した生活を送ることができているのです。

めまぐるしい変化

　里親養育が，家庭内で虐待を受けてきた子どもたちによりよい結果をもたらすことが示されている一方で，何千人もの子どもたちの安全を担うシステムでは，うまく機能している家庭のような一貫性を提供することはできません。多くの社会的養護のもとにいる子どもたちが，委託に伴う移動，複数の養育者による養育，発達上のニーズへの配慮を欠いた実親家族との交流などによって繰り返される，累積的な混乱の影響に曝されています。

　2016〜2017 年には，1 歳未満で社会的養護を離れる子どものほぼ半数が 2 カ所以上の委託先を経験しており，7 人にひとりが 3 カ所以上の委託先を経験していました（DfE, 2017）。新しい環境と新しい里親に，場合によっては何度も順応しなければならない子どもたちは，「複数の家族を念頭に置いて」生活しています（Rustin, 1999）。委託先が変わるたびに以前の喪失体験の記憶が再び呼び覚まされ，早期のトラウマの影響がさらにひどくなり，その結果，子どもは自分のもともとの背景や人間関係のことをよく知らないであろう新しい専門家と接触することになります。クレイブンとリーは，多くの里親家庭の生活に浸透している不確かさによって，ストレスがひどくなっていること，そしてそのストレスは移行の際に最大になることを示しています。

　　発達の各段階において……家族の成員には，家族内の情緒的風土，境界線，そして相互作用やコミュニケーションのパターン……に適応するという課題があります。里親家庭の子どもは，新しい家庭環境に移行しながらこれらの標準的な課題に向き合わなければならないのです。……彼らは，自分の将来に確信をもつことができず，不確かさの世界に住んでいます。[Craven & Lee, 2006, p. 288]

子どもとソーシャルワーカーとの関係性は，自分がなぜ社会的養護を受けているのかについて理解する上でも，社会的養護のもとでの生活が激変するなかで発達し安定する上でもきわめて重要です（Bower, 2005）。代替養育システムの各側面におけるソーシャルワークの仕事の専門性は，社会的養護にある乳幼児のほとんどが，里親の交代に加えてソーシャルワーカーの交代も経験するということを意味しています。ソーシャルワーカーの離職率の高さと派遣スタッフへの依存度の高さ——これは子どもサービスの仕事量とストレスレベルが非常に高いことにも起因しています——も，社会的養護のもとにいる子どもたちのほとんどが何度もソーシャルワーカーの交代を経験することの一因となっています。変化のたびに信頼を得ることが難しくなります（Selwyn, Magnus, & Stuijfzand, 2018）。社会的養護に留まっている子どもたちにとっては，記憶や経験を確認してくれる大人はもう存在していないかもしれません。主な事実は記録されていますが，子どもの早期の経験の詳細はソーシャルワーカーが変わるたびに曖昧になるかもしれません。失われてしまうのは，家族と子どもが一緒にいたときの経験に基づく知識，家族のなかでその子どもがどのような存在だったのか，そして最初に社会的養護につながったときにその子どもに何があったのか，ということです。

複数養育

　子どものことを一貫して気にかけている人物がいないなか，さまざまな大人から養育を受けることが与える影響は，ロバートソン夫妻が1950年代に製作した一連の画期的な映画のなかで調査されました（Robertson & Robertson, 1952）。映画は多くの論争を巻き起こしましたが，これまで繰り返し報告されてきた方法とは異なる方法で，病院や乳児院での実践を根本的に変えることに成功しました。映画という視覚的な媒体は，書面による説明ではなし得なかったインパクトを与えたようです。『分離と幼子（*Separation and the Very Young*）』（1989年）では，ロバートソン夫妻はさまざまな環境での観察をまとめています。ある乳児院では，子どもたちは十分に食事を与えられ，服を着せられ，刺激を受けていますが，世話をする職員は頻繁に

交代している，と説明されています。カメラを通して，感情にゆれることのないまなざしが捉えた，子どもたちへの影響は，深刻なものでした。生後数日で保育所に来て，1日に最大6人のナニー（乳母）に世話をしてもらっていたある子どもは無口で無気力であり，発達が遅れていて，無差別的に笑いかけていました。生後23カ月のこの子どもには，スタッフがなだめることができないほどの，長く叫び続けるエピソードが見られました。別の4歳半の子どもは，自分自身や他人を傷つけないように看護師が押さえつけなければならないほどの，制御不能なかんしゃくを起こして，床に倒れていました。

これらの映画の強烈なインパクトは，現在では保育所や5歳未満の子どものセンターでは当たり前になっている担当ワーカー制度の発展に貢献し，病院の方針は現在では可能な限り親が子どもと一緒にいることを支持するようになりました。しかしロバートソン夫妻が描いた複数養育の影響についての記述は，現在の状況にも当てはまっています。見知らぬ人に無差別的に微笑むこと，作り笑い，突然の気分の変化，突然の攻撃性，活動性の増加，発達の遅れ，欲求不満に対する耐性の低さ，長く続く激しいかんしゃくは，社会的養護につながる前とつながった後の両方で，最初の養育関係の崩壊を経験した子どもたちに頻繁に認められています。

複数養育に関する研究では，アタッチメントの対象とできるような特定の養育者との関係性をもたない乳児院にいる子どもたちは，大人の注目を求めて環境を絶えず見て調べていることが明らかになっています。追跡研究によると，このような子どもたちの発達は遅れがちであり，養子縁組をした後では，家庭生活の日常的な出来事に対処することが難しくなるといいます（Rutter, 1998）。また，大人とのアタッチメントが形成されていない乳児は，幼少期に特別な友だちをもつ可能性も低く，その結果，思春期にメンタルヘルス上の難しさに対する重要な保護因子となる，仲間関係から恩恵を受ける可能性も低くなります（Grossman, Grossman, & Waters, 2005）。

移　行

　毎年，何千人もの子どもたちが新しい家族と暮らすために移動しています
が，このプロセスとそれがもたらす経験を体系的に調査した研究はほとんど
ありません。しかし英国における養子縁組の破綻に関する，これまでで最大
規模の研究（Selwyn, Wijedasa, & Meakings, 2014）によって，計画的に行われ
なかった移動の悪影響の大きさが浮き彫りになっています。急な，あるいは
準備が不十分な委託は，養子縁組破綻のリスクの上昇と関連していたのです。

　1991 年に米国で初版が出版された『委託先を転々とする子どもの旅（*A
Child's Journey Through Placement*）』のなかの実践ガイドラインで，
ファールベルク（Fahlberg, 1991）は，特に乳幼児では継続的な関係性を築く
ことが重要だと強調しています。過去の養育者と将来の養育者のあいだの直
接的で支援的な交流は，安定と安心を生み出す上で重要な役割を果たします。

　米国ではさらにクライマンとハーデンが，「子どもが再統合された後も計
画的に里親との関係を継続することで，子どもが再び大きな喪失を味わうこ
とを防げるかもしれない」（Clyman & Harden, 2002, p. 444）と里親との関係の
計画的な継続を推奨しています。ブラウニング（Browning, 2015）は論文「家
庭外養育の子どもたちのための計画的移行を請け負う（Undertaking
Planned Transitions for Children in Out-of-Home Care）」のなかで，突然の
連続性の断絶によるストレスを軽減するために，オーストラリア子ども基金
と共同で開発したアプローチについて述べています。

　そのような実践のひとつに，子どもにとって劇的な断絶を避けるための段階的
な移行プロセスの開発があります。このプロセスの一部には，子どもが以前の家
族との交流を続けながら，その交流を徐々に減らしていくということも含まれて
います。移行を成功させるためのもうひとつのポイントは，関与している二つの
家族のあいだに建設的な関係性を構築することです。これができれば，子どもは
このプロセスのなかで，情緒的に抱えられる可能性が高くなります。［2015,
p. 51］

委託に伴う移動の深刻な影響を緩和する方法を模索してきた英国の研究では，喪失感や悲嘆，混乱といった感情を，新しい家族に対する興奮や希望といった感情とともに認め受け入れる必要性が示されています（Hindle, 2008; Lanyado, 2003）。ボスウェルとカドモアが地方自治体のソーシャルワーカーとともに実施した委託に伴う移動の研究によると，子どもの情緒的経験は，移動が近づくにつれて専門家の意識のなかで注意を引かないものになっていくことが明らかになりました。

　　大人にとって非常に不安な時期であり，このような不安のなかで情緒的に子どもに何が起きているのかを見失ってしまうことがあります。子どもたちの移動に対する表向きの従順さと，養育者を失うことに対するはっきりした感情の欠如は，子どもたちが「大丈夫」であることのサインとして解釈されてしまうことがあるのです。[Boswell & Cudmore, 2014, p. 8]

　子どもと里親の喪失感，そして彼らの関係性の重要性は，新しい家族へ移動する興奮と安堵感のなかで見失われがちでした。大人たちのあいだで高まった不安によって，関係者全員の根底にあるより複雑な感情に触れることができなくなり，集団全体の「盲点」ができていたのです。著者たちは次のように主張しています。

　　現在の手続きは，アタッチメント理論で確立された基本的な原則のいくつかに逆らっています。理想的には，乳幼児が里親から養親のもとに移る際には，慎重に離乳をさせるときのように徐々に移行が行われること，そして里親やその家族とは何らかの意味のある交流が維持されることが期待されるべきです。このような分離は，当事者の子どもが苦痛の感情を表すことができるかどうかにかかわらず，子どもにとって情緒的に重要なものとして扱われるべきです。[2014, p. 19]

　多くの地方自治体や養子縁組団体での養子縁組の実践に影響を与えてきた「クリーンブレイク」*10 の理念は，こうした指針とはまったく対照的です。

委託に伴う移動が数日間で行われ，移動後は子どもと里親とのあいだでほとんど，あるいはまったく交流の機会が用意されないという状況の背景には，実際業務の困難さだけでなく強い感情があることは間違いありません。

　里親が以前預かっていた子どもと連絡をとり合っていた場合，それはしばしば非公式に「こっそりと」行われていたものであり，情緒的関わりのある養育のひとつの側面として，地方自治体や関係団体に明確に支持されてきたわけではありません。カードを送ったり，子どもの近況を受け取ったり，養子縁組した家族と定期的に話をしたり会ったりし続けている多くの里親にとって，養育してきた子どもとの関係性や子どもに関する情報は支えになるものであり，子どもの人生における自分の位置を確認するために役立つものです。ドージャーら（Dozier & Lindhiem, 2006）は，子どもが養子縁組へ移動した後も，自分が子どもの生活のなかで継続的な役割を果たしていくという期待がもてる場合，里親は子どもに情緒的に関与しなくなってしまうという可能性は低いと報告しています。しかし，同年に発表されたソーシャルケア評価機構（Social Care Institute for Excellence, SCIE）の研究では，養子，実親，養親の「養子縁組のトライアングル」については記述されていますが，里親については——子どもにとってのアタッチメントの対象としても，養子縁組した家庭への移行を促進する上で最大の役割を果たす大人としても——言及されていません（Rushton, 2007）。このような態度は，里親の存在意義やその活動を消し去ろうとする強力な傾向を反映しているように思われます。シンクレアら（Sinclair, Gibbs, & Wilson, 2004, p. 169）は，「子どもと里親家族の力動の特別な経験を認識するような介入は，現在の文献には見当たらないことがわかった」と指摘しています。別の研究では，社会的養護のもとにいる子どもたちに関する研究や政策に関する文献の多くから里親養育が「消し去られている」と表現されています（Craven & Lee, 2006, p. 287）。

　里親養育から養子縁組への移動に関連した経験と実践は，英国全土の養親，里親，ソーシャルワーカー，メンタルヘルス領域の臨床家との面談や話

---

*10 継続してきたことをきっぱりとやめること。

し合いを経てガイドラインを作成したイースト・アングリア大学のビークら
によって，初めて体系的に調査されました（Beek, Neil, & Schofield, 2018）。こ
こで提示されている勧告の根底にある中核的な原則は，「里親養育のなかで
築かれた肯定的な関係性が，その子どもの養親との関係性への道を開く」と
いうこと，そして「環境や関係性の連続性が，子どもが信頼を構築する上で
の支えとなる」ということです。このガイダンスは，移行期における三つの
重要な段階を特定しています。すなわち，移動前，移動中，そして移動後と
いう段階です。これは，移動の決定的要素として引き合わせ（導入）に焦点
を当てていた従来の考え方から，子どもの現在の養育者と将来の養育者のあ
いだの重なりの重要性を強調する考え方へのシフトを含んでおり，移動の詳
細を計画する前に二組の大人がお互いを知るための時間を考慮に入れていま
す。大人たちがお互いを知ることになる第一段階によって移動の背景が作ら
れ，移動後に，里親がその子どものことをちゃんと覚えていると安心させる
ために行う訪問が準備されるのです。

　また，子どもは必ずしもはっきりと感情を表出するとは限らないことを認
識した上で，このガイダンスでは，里親家庭を離れて新しい家族に加わるこ
とについて，子どもが肯定的な感情とより否定的な感情の両方を表現できる
ように支援する最善の方法を考えるために，専門家たち一同が共有する機会
を設ける方法についても提案しています。移動後の一定の期間も移行の一部
として捉えられているのです。里親やその家族は，可能な限り，子どもが移
動してから数日以内に，新しい家にいる子どもを訪問することが推奨されて
います。研究者たちは，里親養育から養子縁組への子ども中心の移動の支え
となる原則は，短期養育から長期養育への移行，あるいは特別後見人への委
託にも同じように適用されることを強調しています。

交流ルーティン

　実親家族との交流は，発達上のニーズに配慮しなければ，乳幼児をストレ
スの多い混乱に曝す危険性があります。多い場合には週に6回行われること
もある交流のたびに，里親家庭と実親家庭という対照的な環境のあいだを行

き来することになります。交流がうまくいっている場合は，実親，里親，交流スーパーバイザーのあいだで引き継ぎの機会があります。子どものための移行は，大人たちが一堂に会し，子どもの日常生活や現在の発達についての情報を共有することによってスムーズに行われます。この場合，子どもの立場に立って交流ルーティンの変更を検討し，準備し，見直すこともできます。それとは対照的に，人間関係が緊張していたり，とげとげしいものであったりする場合，あるいは里親に対する脅しがあったり，里親への子どもの信頼が損なわれていたりするような場合には，大人が一堂に会して，乳幼児がコンテインされる安全な経験を保証することはできないかもしれません（Neil & Howe, 2004）。交流スーパーバイザーは物理的な安全を確保しますが，安心して同じ部屋にいることができない大人のあいだを移動する子どもの心理的な経験は考慮しません。切り離された環境と養育者のあいだを取り次いでもらうことなしに移動するのは，一貫性とコンテインメントを最も必要としている乳幼児に，再度トラウマを与えてしまう危険性があります。

　コンカレンシープランニング（並行計画）では，赤ちゃんは事前に養親として承認された里親のもとに委託されます。家庭裁判所が赤ちゃんを親元に戻さない場合，赤ちゃんは育ててくれている養育者のもとに留まります。このように，コンカレンシープランニングによって，乳幼児をさらなるアタッチメントの崩壊から保護することができるのです。また，この仕組みは並行養育者への委託に先立って，実親との頻繁な交流がもたらす性質や影響を調査する機会を提供します。ケンリック（Kenrick, 2009）は養父母たちに，並行養育期間中に子どもを連れて行き来した際の経験についてインタビューを行いました。ほとんどの赤ちゃんにとっては，週に5〜6回の親との交流は，しばしばスーパーバイズされた交流センターへの長距離の往復移動を伴うものでした。交流前，交流中，そして交流後の子どもの非常に苦しんでいる様子について語ったある養育者は，一般家庭では当たり前の，家で静かに過ごす時間が赤ちゃんには必要だと感じていました。しかし，通常は，翌日にはまた外出しなければならないため，回復のための時間はほとんどありませんでした。出生時に病院で薬物解毒を受けた子どもたちは，特に傷つきや

すいように思われました。ある養育者は，断薬した子どもには落ち着いた静かな時間と，揺るぎない一貫したルーティンが特に必要であると強く感じていました。しかし，この子どもが静かな時間をもてたのは，週末だけでした。養父母のなかには，養子縁組から数カ月あるいは数年が経った後に子どもが分離や変化に特に敏感になっていることに気づいた人もいました。

　オーストラリアのメルボルン大学の研究者たちは，週に4〜7回の交流があった1歳未満の乳児40人の経験を調査しました（Humphreys & Kiraly, 2011）。文献レビューの結果，交流が乳児に与える潜在的な影響についてはほとんど注意が払われていないことが明らかになりました。ケースファイルの監査では，頻繁に交流したからといって，子どもが親元に戻される可能性が高くなるわけではないことが示されました。この研究の対象となったある乳児は，睡眠や授乳の習慣が常に中断され，馴染みのない付き添いやスーパーバイザーと一緒に長時間の移動を繰り返していました。交流時の親の養育の質にはかなりのばらつきがあったと報告されています。このオーストラリアの研究の一環として行われたフォーカス・グループ・ディスカッション*11 では，交流に関する意見が深く割れていることが明らかになりました。すなわち，法律の専門家は，乳幼児の養育の連続性が繰り返し断絶されることによる不利益についての認識を欠いているように見える一方で，養育者やソーシャルワーカーは，乳幼児が繰り返し曝されている苦痛や不快感については，心配はしているものの無力だと感じているようでした。

　社会的養護のもとにいる乳幼児が経験する，複数養育，委託に伴う移動，大人中心の交流スケジュールといっためまぐるしい変化は，発達がすでに著しく損なわれている可能性がある子どもの，現在および将来の困難のリスクを高めています。

---

*11 フィールドワークにおける情報収集手段のひとつで，ある特定のテーマに関して少人数（通常6〜8人）のグループに対してインタビューを行う。単なる複数人への同時インタビューではなく，参加者が意見を交わしながら議論をする中で生まれるグループ・ダイナミクスが知見を深めるところに特徴がある。また，原則として，できるだけ参加者が同質（性別，年齢，民族，階級，社会・経済的地位，教育レベルなど）であることで，自由な議論を促す。

アタッチメントの空白がもたらす深刻な影響

　養育者との密接な関係性の欠如は，発達に深刻なダメージを与えます。世話をしてくれる大人と，親密で有意義な関係性を築くことができなかった子どもたちは，慰めや安心が得られる見通しがほとんど，あるいはまったくないまま苦痛を経験する可能性が高いのです。

　　破綻したり中断されたりしたアタッチメントと，情緒的不毛という二つの害があるとすれば，後者は正常な人格形成が望めないため，前者よりも有害といえます……子どもが正常に成長するのに役立つものは，そのような感情に対処する方法を学ぶための，痛みを伴う心をかき乱すようなプロセスなのです。[Freud & Burlingham, 1944, p. 590]

　赤ちゃんの愛情やアタッチメントに対する基本的なニーズを，直感的に認識することを妨げる最も重要な要因としては，遅延（委託の決定までに時間がかかること），二次的トラウマ，情緒的関与の乏しい養育などが挙げられます。

遅延（委託の決定までに時間がかかること）

　家族から引き離された子どもたちのパーマネンシー（永続性）と安定性の望ましい形は，絶えず疑問視されています。養育手続きにおける「たらい回し」による遅延の悪影響は最近の家庭司法改革で取り上げられ，養育手続きの期間は 26 週間に制限されました。以前は，養育手続きの平均期間は 65 週間でした。この期間制限はおおむね成功していますが（現在では手続き期間は平均約 30 週間です），この司法改革と同時期に出された家庭裁判所の判決は，例えば「裁判官たちが異なる『より安い費用の』，すなわち子どもたちにパーマネンシーを保障できないような命令を出す兆しがある」(Masson, 2016, p. 191) など，意図しない結果をもたらしています。同時に，委託命令が減少

し，一部の乳幼児についての意思決定が遅れています（Masson, 2016; National Adoption Leadership Board, 2014）。

　子どものパーマネント（永続的）な委託が決定されるまで長く待たされることは，長引くストレスの多い不確かな状態を生み，発達に悪影響を及ぼす「暫定的な心の状態」を引き起こす可能性があります（Beckkett & McKeigue, 2003; Hindle, 2007; Kenrick, 2010; Masson, Dickens, Bader, Garside, & Young, 2017）。フィルプス（Philps, 2003, p. 13）は，このような継続的な不確実性に曝されることを「抱えられていない状態に閉じ込められる矛盾した体験」と表現し，この体験を，すべてが非現実的に思え，人間関係や学習が一時停止している心の境界状態と結びつけています。

二次的トラウマ

　虐待やネグレクトを受けた子どもたちと密接な関わりをもって暮らすことによって，二次的なトラウマが生じることがあります（Bentovim, 1992）。虐待やネグレクトを経験した子どもの世話をすることは，養育者が情緒的に対応し，敏感かつ応答的であり続ける能力に大きな影響を与える可能性があります。

> 　一瞬たりともリラックスできず今にも何かに襲われそうで，呼吸が速くなり，夜になると目が冴えてしまいます。同時に，自分は子どもたちに正しいことをしていないといつも感じています。何をするにしても間違っていると感じたり，十分でないと感じたりします。無力感を抱くのです。

　上記で引用した里親は，欧州里親交流プロジェクトに参加していました。彼は薬物依存症の実親のもとで身体的・性的虐待を受けた子どもたちと一緒に暮らすことが，養育者にどのようなインパクトを与えるのかについて雄弁に語っています。この里親の睡眠の乱れは，自分ときょうだいを守るために警戒心をもたざるを得なかった子どもたちの不眠と呼応していました。

　苦痛の過少評価，手順の厳守，意味を排除した具体的思考は，二次的トラ

ウマの特徴です（Halton, 1994, 2014）。仕事上の関係性が権威主義的になり，情緒的に意味のある話し合いが避けられることがあります。省察的なスーパービジョンとコンサルテーションの構造，結束したチームワーク，そして効果があると期待される境界のある役割をもつことは，二次的トラウマの影響を緩和するのに役立ちます（Bloom, 2003）。

　里親たちが受容性と共感能力を維持して，養育している子どもたちに手を差し伸べることができる状態でいるためには，ネットワークや雇用機関が情緒面に注意を払った一貫性のある支援を行う必要があります。

情緒的関与の乏しい養育

　困難な状況では，「子どものことを心に留める」能力が損なわれることがあります。［Onions, 2018, p. 252］

　情緒的関与の乏しい里親養育が，メンタルヘルスの問題や養子縁組の破綻の危険因子であることが，多くの研究によって明らかになっています（Hillen, Gafson, Drage, & Conlan, 2012; Schein, Roben, Costello, & Dozier, 2017; Selwyn, Wijedasa, & Meakings, 2014）。養育者の腕の中に抱かれたり膝の上に乗せられたりする経験が少ない乳幼児は，情緒的な安心を奪われているだけでなく，身体的な密着感から得られる生理的なメリットも奪われています。代替養育を受けている子ども・若者の生活の質の向上を促進するための英国国立医療技術評価機構（National Institute for Health and Care Excellence, NICE）およびソーシャルケア評価機構（Social Care Institute for Excellence, SCIE）のガイダンスは，ソーシャルワーカーと里親に「子どもや若者が，自分は安全で，大切にされ，保護されていると感じられるように，アタッチメントを育んで所属意識を生み出すような，子どもと里親のあいだの温かく思いやりのある関係性」を築くよう推奨しています（NICE/SCIE, 2010, p. 18）。ハーディら（Hardy et al., 2013）は，社会的養護のもとにいる子どもたちは，実親家庭で育つ子どもたちと比べて身体的な愛情をあま

り受けない可能性が高いことを見出しました。ミーキングとジュリー・セルウィン（Meakings & Selwyn, 2016）は，論文「『抱っこはしない』と言った里母——養親家族との生活で苦労する子どもたちの不利な早期里親養育経験（*She was a foster mother who said she didn't give cuddles: the adverse early foster care experiences of children who later struggle with adoptive family life*）」のなかで，里親養育における「冷たく客観的な養育」を養子縁組破綻の危険因子として特定しています。ナリーとオーツは，教育省のための里親養育に関する独立したレビューのなかで，「里親が身体的な愛情を示すことは専門的見地から望ましくない」という信念について懸念を表明しています（Narey & Oates, 2018, p. 42）。

　ホガースが繊細に描いたモーセの絵に見られるように，愛情をもって関与する里親養育を提供することは，葛藤に満ちた，深い自己犠牲を要求するものです（「はじめに」の図1）。里母が，子どもが前に一歩を踏み出すときには身を引く覚悟をもつと同時に，子どもがいつでも頼りにできるような状態を維持して愛情と安心の背景を提供することは，かなりの犠牲を伴うことです（Nutt, 2006）。養育手続き中や，子どものために新しい養育者のもとへの移動が計画されている場合，里親が提供する養育の重要性について専門家ネットワークのなかで明確に認識されていない可能性があり，里親は自分たちの役割の重大な側面において孤立し，サポートされていないと感じている可能性があります。適切な支援や研修が行われないと里親は不安になり，自分との関係性が子どもにとって重要なのかどうか確信をもてなくなって，子どもから身を引いてしまう可能性もあります（Dozier et al., 2009）。

　養育者が子どもにとって，情緒的に利用可能な状態を維持できるような養育環境を促進するためには，里親養育の情緒的な側面や関係性といった側面を支持する必要があります（Lobatto, 2016）。子どもの生活における情緒的な現実をしっかり受け止めない組織文化によって，里親はどのくらい子どもに献身的になり親近感を抱いていいのか，あるいは抱くべきなのかについて確信をもてずにいる可能性があります。里親が，傷つきやすい幼い子どもたちの複雑で時に悲痛な感情とともに生活し，それらの感情に意味を見出そうす

るためには，里親をサポートして養育関係の妥当性を認めるような，子ども
を取り巻くチームの関与が必要です。

証人となること

　証人となること——それは非常にささやかな機能のように見えるかもしれませ
んが，実存的なレベルで深い意味合いをもっているのです。[Rhode, 2007, p. 208]

　トラウマからの回復には，信頼できる大人との継続的な関係が最も重要で
す。親戚，家族の友人，里親，ソーシャルワーカー，そして教師は，子ども
にとっての生命線となり，自分に気づいてもらえ，真剣に受け止められ，記
憶されているという経験を子どもに与えることができます。
　人間関係において対立や暴力やネグレクトが著しかった場合，あるいは子
どものアタッチメントの崩壊が繰り返されてきた場合，乳幼児期は修復と回
復のための最大の機会となります。NICE と SCIE による代替養育を受け
ている子ども・若者の生活の質の向上に関するガイダンス（NICE/SCIE, 2010）
では，乳幼児に関わる養育者や最前線の臨床家たちが乳幼児期のアタッチメ
ントの発達，途切れたアタッチメントの影響，アタッチメントの問題の早期
発見，そして薬物への胎内曝露経験や遺伝的・後天的な学習・発達障害をも
つ乳幼児の特別なニーズについて，専門的な研修を受けることを推奨してい
ます。多機関連携の研修は，幼い子どもたちの情緒的・心理的な経験やニー
ズ，そして彼らが最も身近な大人に与えうる影響について，皆で考えるため
の貴重な機会を提供してくれます。
　発達障害や情緒障害，行動障害をもつ子どもたちへの介入は，子ども主導
の遊び，そして養育者からの「その子どもだけに向けられた注目」という基
本概念に集約されます。言語療法では，親や養育者や教師は，対話の機会と
双方にとって楽しい交流の瞬間を増やすために子ども主導の遊びをサポート
するトレーニングを受けます。子どもを，「コミュニケーションに意味があ
り，意味を求めている一人の人間」として認めて応答することに重点が置か

れています。意図をもって行われることとマインド–マインディドネス（こころへの関心）もまた，イースト・アングリア大学のジリアン・スコフィールド（Gillian Schofield）らによって開発された「安全基地（Secure Base）」トレーニングの土台となっています。

安心とレジリエンス（回復力）を促進する鍵はマインド–マインディドネス，すなわち子どもの心の中にあるものについて考えることです。[Schofield & Beek, 2018]

大人からの，自分だけに向けられた注目のなかで行う子ども主導の遊びを促すことで，子どもの自信，協調性，想像力，集中力が高まることが多くの国で行われた研究で明らかになっています。1940年代，ハンガリーの小児科医エミ・ピクラー（Emmi Pikler）は，ロッツィーにある児童養護施設の運営を引き継ぎ，体系的な観察から乳幼児の運動発達と自発的な子ども主導の遊びの相互作用を研究しました。彼女が提唱した，「養育者が完全にその子どもだけに向けた注目を提供する」，そして「自由で想像力豊かな遊びを促進する」という基本原理は，ヨーロッパ全土の施設ケアやチルドレン・センターで影響力をもち続けています（Vamos, Tardos, Golse, & Konicheckis, 2010）。米国の子どもの発達の研究者であるスレイドは，子ども主導の遊びは固定化と統合のための手段であると考えています。つまり，自分の経験や感情を遊びに込めることによって，「子どもは構造を創り出している」（Slade, 1994, p. 91）のです。その後の研究では，子どもと養育者のあいだのコミュニケーション，そして養育者の調律と敏感性に改善があったと報告されています（Ayling & Stringer, 2013; Panksepp, 2007; Sunderland, 2007）。

「よく見て・待って・考える（Watch Wait and Wonder）」という母子精神療法のモデル（Muir, 1992）では，子ども主導の遊びを促し，その遊びが何を意味している可能性があるのかについてセラピストと一緒に考えてみるよう，親子セラピストが親を励まします。子育てプログラムでは，子ども主導の遊びに参加してコメントするという主題に取り組みますが，ソリハル・ア

プローチ（Solihull Approach）*12 では，これらの概念を家庭への保健訪問の実践に統合しています（Briskman & Scott, 2012; Milford, Kleve, Lea, & Greenwood, 2006; Pallet, Blackeby, Yule, Weissman, & Scott, 2000; Solihull Approach, 2018）。米国では，「アタッチメント・生体行動的回復療法（Attachment and Biobehavioral Catch-up）」（ABC）（Dozier et al., 2009; Schein et al., 2017）が開発されています。これは，大人の注目を拒絶する可能性のある子どもが出すわずかなサインにも気づき，それに応答するように里親や親に研修をする個別のトレーニングプログラムです。アフリカでは，栄養失調から回復しつつある子どもを対象とした研究で，集中的な食事提供と心理社会的支援（遊びの促進と子どもへの注目）を受けた子どもたちは，集中的な食事提供のみを受けた子どもたちに比べて死亡率が低く，回復が早かったと報告されています（WHO, 2004）。心理的ウェルビーイングに焦点を当てることが，子どもとその養育者とのあいだに生命を吹き込む情緒的結びつきを生み出す上で，きわめて重要であることが明らかになったのです。

　本書で紹介している介入は，見てもらうということ，そして他者の目に映った自分を見るということが，どのような影響を子どもたちや子どもたちの支援に携わる専門家たちに与えるのかを探るものです。

---

*12 子どもの情緒的な健康と幸福をサポートすることを目的とした NHS の有資格者で構成される英国の NPO 団体。

第2章

治療的観察

　観察スキルは，多くの科学的および芸術的な活動においてそうであるように，臨床の仕事の中核を成しています。精神分析的乳幼児観察は，週1回の家庭訪問を通して，家族の日常生活や活動の中で乳幼児を観察することによって，観察スキルを身につける方法を提供します。観察者は相互作用やコミュニケーションの細部にまで細心の注意を払うと同時に，自分自身のなかに喚起される情緒的反応にも注意を払います（Waddell, 2006; Wittenberg, 1999）。子どもの発達について，そして成長していく乳幼児によって喚起される強い感情について学ぶためのこの技法は，1940年代にエスター・ビックによってタビストックの児童心理療法士のトレーニングに導入され，今では世界中のメンタルヘルスおよびソーシャルケアのトレーニングに採用されています。パーキンソンらは，ソーシャルケアや医療トレーニングにおける乳幼児観察の価値を強調しています（Parkinson, et al., 2017）。

　精神分析的乳児観察は，臨床家がひとりひとりの子どもとその養育者の痛みを伴う心の状態に近づき，それを許容することを学べるように，そしてそれらの状態について深く考え，他の人たちとのディスカッションを通してそうした状態を明確に表現し，それに対処できるように，臨床家を予備教育するための手段です。[p. 11]

　フォーセットとワトソン（Fawcett & Watson, 2016, p. 15）は，著書『子ど

もの観察を通して学ぶ（*Learning Through Child Observation*）』のなかで，観察スキルを専門的な役割に広く応用することについて述べています。

　効果的に観察する能力，偏見をもたずに体系的に焦点を当てる能力は，ひとたび習得すれば，目の前の出来事をはるかに超えたことにまで関連するスキルであり，また，子どもたちと関わる継続的な専門家としての能力に資するスキルです。

精神分析的乳幼児観察

　精神分析から得られる知見に基づく観察を通して，私たちの感じる心（heart）と考える心（mind）はもっと密に連携するようになります。このような観察は，観察者が気遣いや思いやりのあるつながりを作るために，その瞬間に完全に存在することが要求されるような空間を提供し，考えるために感じる時間を与えてくれる営みなのです。［Ruch, 2017, p. 7］

　人生の最早期段階における心理的意味の探求は，精神分析のトレーニング（Miller, Rustin, Rustin, & Shuttleworth, 1989; Reid, 1997; Trowell & Rustin, 1991）の中で確立されている乳幼児観察へのアプローチの土台となっています。ビックは 1930 年代にウィーンで乳幼児の発達を研究した児童精神分析家でした。オーストリアで発展した，観察中の乳幼児の動きの細部に至るまで細心の注意を払うという姿勢に引き込まれた彼女は，情緒的な経験をも包含したアプローチを模索し始め，特に共に抱えられているという感覚の揺らぎに重点を置きました（1964, 1968）。彼女が乳幼児観察に関心をもったのは，「注目には，バラバラのものを集めてまとめる効果がある」と考えたことがきっかけでした。

　彼女がすることや発する声のすべてに向けられたあなたの注目は，彼女の人格の断片を引き寄せて集める磁石のように作用します……まるで，砂鉄を引き寄せて集める磁石のように……そして，これは母親の注目が赤ちゃんにもたらすもの

でもあるのです。［Williams, 1998, p. 94 で引用された個人的メッセージ］

　ビックは，「身体的なケアの各側面には心理的・情緒的な次元がある」と理解するようになりました。「赤ちゃんのことを考えること」は，身体的な抱っこに相当する「心理的な抱っこ」として捉え，「赤ちゃんに話しかけたり大切に面倒を見てもらう体験を提供したりすること」は，身体的な授乳に相当する「心理的な授乳」として捉え，「コンテインメント，すなわち，赤ちゃんがつらい感情を自分のなかから取り除くのを助けること」は，物理的な清掃に相当する「心理的な清掃」として捉えたのです（Haag, 2002; Rustin, 2009）。

　ビックによって確立された精神分析的乳幼児観察の「タビストック・モデル」には，三つの重要な要素があります。一つ目は，合意の上で決められた定時に行われる，週1回1時間程度の家庭訪問（事前に予定していた短期休暇のための中断を含む），二つ目は，各訪問の後に書かれた観察時間中の子どもの一連の動き，仕草，発した声，やりとり，そして観察者への特に印象的な情緒的インパクトを記述した詳細な記録，そして三つ目は，セミナーグループでの週1回のディスカッションです。

　トレーニング中の児童心理療法士が行う観察の期間は2年間ですが，他の多くの専門家のトレーニングではそれよりも短くなっています。観察者は，自分の責任で乳幼児を観察することに同意してくれる家庭を見つけます。この家庭は，観察者とは社会的・専門的つながりをもたず，法律によるソーシャルサービスを受けていない家庭でなければなりません。これは，観察者が社交上の会話に気を散らすことなく，また専門的な役割を担う必要性もなしに，子どもおよびその子どもの相互作用からできる限り多くのことを学べるようにするためです。また，社会的・専門的な関係性をもたないことで家族に対する守秘義務も守られます。

　観察させてもらう家庭は，通常，保健師などの仲介者を介して，あるいは地域の団体と連絡をとることで見つけます。観察者が家庭を訪問することについて話し合うための面会に興味を示した親たちには，トレーニング課程と

観察の実施方法についての情報が提供されます。理想的には，観察者と両親は赤ちゃんが生まれる前に面会し，赤ちゃんが生まれた後，家族が訪問を希望し，かつ訪問を受けることが可能だと感じるできるだけ早い時期に訪問を開始します。

　学生たちは 5 人程度の少人数のセミナーグループで，交代で記録を読み上げ，それらについて議論します。観察者はセミナーグループのサポートを受けて，自分自身のニーズや感情よりも観察している家庭のニーズや感情を優先し，家族の日常生活にできるだけ干渉しないようにしながら，敬意と自分自身でのコンテインをともなって観察するという難題から学ぶことができます（Daws, 1999）。セミナーグループでのディスカッションの焦点は，赤ちゃんが何を経験し，何を伝えようとしているのかを理解しようとすることにあり，観察結果は関連する児童発達研究や精神分析理論と結びつけられます。

　　乳幼児観察……それは深い情緒的な意味合いを含み，驚くべき成熟をもたらす可能性を秘めた学習経験なのです。[Maiello, 1997, p. 49]

　乳幼児を対象とした観察トレーニングは，1980 年代から 1990 年代にかけてソーシャルワークの資格取得プログラムに導入されました。これは，ソーシャルワーカーたちが「安全を守るはずの子どもたちを『見る』ことを明らかに怠っていた（Tanner, 1999）」という，子どもの死亡調査での批判を受けてのことでした（Hingley-Jones, 2017, p. 31）。

　観察者は，乳幼児の発達と母子や家族の関係が織りなす強い情動に関与するという，ユニークで特権的な立場にあります。新しい命のすぐそばで，その子どもの絶対的な傷つきやすさと依存を目の当たりにすることにより，強い感情がかき立てられることがあります。乳幼児観察が，メンタルヘルスおよびソーシャルケアの仕事にとって貴重なトレーニングの経験となるためには，その子どもによって喚起されるあらゆる情動に気づき，それらに注意を払うことを学ぶことが不可欠です（Le Riche & Tanner, 1998; Sternberg, 2005; Youell, 2005）。

トレーニングとしての観察の主な目的は，研修生が子どもの発達について学ぶことですが，観察の申し出を受け入れることを選択した多くの家庭は，観察が自分のために役立ったと報告しています。観察者はこのアプローチの構造やセミナーグループによってコンテインされながら，家族をコンテインする役割を担える可能性があります。赤ちゃんの生活，そして赤ちゃんが家族に与える影響の細部にいたるまで，関心を抱いている人が押しつけがましさや説教じみたところなしに定期的に訪問することは，歓迎され安心感を与えうるものです。親のなかには観察者の存在に触発されて，自分たちも成長していく子どもをより細やかに観察するようになったとコメントしている人もいます（Watillon-Naveau, 2008）。このような認識から，乳幼児観察は治療目的に応用されるようになりました（Urwin & Sternberg, 2012）。

治療的観察

　治療的観察は，子どもの発達や主な養育者との関係性，あるいは新しい養育者への差し迫った移行の影響について懸念があるような臨床の場に，精神分析的乳幼児観察の原則を当てはめるものです（Rustin, 2014）。このアプローチは，トレーニングとしての観察と同じ中核的な要素で構成されています。家族にとって都合のよい時間に設定された観察訪問は，週1回よりも頻度は低いかもしれませんが，理想的には定期的に予定が組まれ，各訪問の後につけられた詳細な記録は，経験豊富な臨床家のスーパービジョンの下で議論されます。

　治療的観察者はトレーニングの観察者よりも積極的な役割を担います。例えば，観察者がいなければ気づかれないままとなってしまうような仕草や音に注意を向けます（Rhode, 2007）。子どもと養育者のあいだのつながりが途切れたり，断絶したりしたときには，治療的観察者は子どもと養育者が再びつながりをもてるように助けようとします。多くの場合，何かを言葉にすることによって助けようとしますが，ただ何かを心に抱えて，断絶の経験を振り返るだけのこともあります。見落とされていたかもしれない感情や願望を

言語化することで，子どものシグナルは見てもらい，意味をもつことができるのだという安心感を与えることができます。

　親との分離があっても，その場にいない親や養育者のことを子どもに話すことで，親や養育者がそこにいなくても心に抱えることができることを示し，つながりを感じさせることができます。関心と友好的態度を保ち，可能な限り規則的な面会を続けることで，治療的観察者は不快な情動を取り込む役割を果たすことがあります。例えば，疎外された，拒絶された，あるいは忘れられてしまったという感覚が観察者に伝わってくるかもしれません。スーパービジョンに助けられながら，観察者がこれらの非言語的なコミュニケーションを受け入れ，意味を理解し，友好的で受容的であり続けることができれば，強い感情をコンテインして緩和することができます。このようにして，情緒的混乱の経験は潜在的に意味のあるもの，そして成長を促すものとして経験することができるのです。

　治療的観察は，トレーニングとしての観察がもつ自由で探索的な特性はそのままもちながらも，特定の懸念や問題を検討するために行う計画的介入です。治療的観察者の役割は，すでに精神分析的観察のトレーニングを受けた経験豊富な臨床家のスキルを活用するものです。この点で治療的観察は，いわゆる「関与しながらの観察」とは異なり，「観察者がより積極的な姿勢を必要とするような重要な問題が明らかになる一連の観察のトレーニングのことを指します」（Blessing & Block, 2014）。

　治療的観察は，親や主な養育者と赤ちゃんとの関係性に何か障害があるような状況において，有用であることがしばしば見出されてきました。治療的観察は家族の生活への影響を最小限に抑えた，押しつけがましくないアプローチといえます（Houzel, 1999, 2008; Rustin, 2014, 2018; Wakelyn, 2012a, 2012b）。長期間観察を続けることで，観察者は子どもとその養育者の仲間のような存在になることができます。定期的に訪ねてくる，受容的で物事を決めつけない観察者は，家族の喜びや安堵，祝福の瞬間だけでなく，苦悩や困難をも共有できる人になる可能性があります。親子関係を支援するための介入の概要（Barlow & Svanberg, 2009）では，臨床家が観察に集中することで

親の観察者としての側面が活性化され，影響を受ける可能性があると強調しています。観察者は赤ちゃんがどんなに虚弱だったり障害があったりしても，赤ちゃんに積極的に関心をもち続けることで，親に対しても専門家に対しても好奇心と希望に満ちたモデルを示し，勇気づけることができます。臨床家は赤ちゃんがどのような経験をしているのか理解しようと集中することで，批判的であるとか押しつけがましいと相手に感じさせることなく，親や専門家と一緒の立場に立つことができます。

　観察に基づくアプローチは臨床家にとってやりがいのある経験となり，この方法から多くのことを学べます。同時に，治療的観察を行う臨床家は，大きな苦痛や混乱のあるときには，子どもや家族とより密接に交流しなければならないという難題に直面します。専門家ネットワークにフィードバックしたり，専門家ネットワークとのコミュニケーションを維持したりして，子どもに焦点を当て続けることができるようにすることは，治療的観察者の役割の一部であり，これには敏感性と機転，そして粘り強さが必要とされます。

治療的観察の応用

　乳幼児のウェルビーイング，あるいは生存について大きな不安がある医療現場においては，治療的観察は親にとっても医療スタッフにとっても支えとなるものであり，それ自体がひとつの介入であるだけでなく，さらなる介入のための情報をもたらすことができます（Fletcher, 1983; Geraldini, 2016; Mendelsohn, 2005）。

　端的に言えば，早産児や虚弱児や障害児であっても，赤ちゃんに積極的に関心をもつことで親とスタッフの両方にモデルを示すことができます。観察者に対して生じる好奇心は，しばしば，子どもを見る新しいやり方，そしてその結果として子どもとの新しい形の相互作用をもたらす強力な触媒として作用しているように思われます……そして親は，もっと年長で健康な子どもに対しては自然にできる仕事，つまり，赤ちゃんの感情のコンテイナー（器）としての役割を果たすこ

とができるようになるのです。親は，この仕事——もちろん，子どもの命に危険
があるような状況では痛みを伴うことも多い仕事——に取り組むにあたって，敏
感性のあるスタッフのサポートを受けることができます。親がユニット，または
ユニット内のひとりかふたりに情緒的にコンテインされていると感じることがで
きれば，親は自分の子どもに対して，より敏感に応答できるようになるのです。
［McFadyen, 1994, p. 164］

　早産児に対する治療的観察の応用は，1960 年代からイタリアのネグリに
よって検討されてきました。ネグリは神経精神医学のバックグラウンドを
もっており，新生児ユニットでの臨床観察者グループによる介入は，早産児
の酸素濃度に重要な成果をもたらしました。この作業の主眼は，「心理的に
誕生し，アイデンティティを見出すことが難しいと感じている自分自身の部
分」に触れることで，特に早産児の近くにいる大人が，早産児の極端な脆弱
性によって引き起こされるばらばらになった情動状態をまとめることにあ
る，と考えられました（Negri, 1994, p. 81）。オーストリアのラザールら（Lazar
& Ermann, 1998）の研究では，早産児の観察作業の開始時に方向性の喪失を
経験したことも報告されています。つまり，観察者は最初，赤ちゃんを「見
る」ことができず，見ることができても見たものを思い出せなかったので
す。最初は意味がないように見えたり，関連する情動がないように見えたり
した小さな事柄をまとめることが，この作業の特に大変な一面だということ
が明らかになったのです。

　なぜなら早産児の世界では，物事は絵として，音として，あるいは感情とし
て，ただひょいと心に浮かんできたりはしません……ましてや言葉として浮かん
でくることはないのです！　その代わりに，物事は赤ちゃん自身がそうしている
と思われる方法に似た方法で探さなければなりません。つまり，一見必然性のな
い経験のかけらや断片，小さな記憶の痕跡，そしてかすかに現れるパターンや関
連，潜在的な一貫性の可能性を，保持可能な記憶の小さな単位に根気よく集める
ことによって探すのです。［Lazar & Ermann, 1998, p. 23］

アルバレスは，観察者の説明を聞いているときに，「子宮の外での生活が始まったばかりの頃に，呼吸できるということさえ当たり前ではないということがどういうことなのか，真に感じることができました」（Alvarez, 2000, p. 104）とコメントしています。印象的だったのは，観察者は赤ちゃんのそばにいるあいだは苦痛を感じず，グループとのディスカッションで彼女の考えや省察がまとめられていくにつれて，初めてつらい感情に触れることができたということです。観察者が考えることができるようになるためには，コンテインメントと省察ができるグループとともに，観察について議論する必要がありました。

　治療的観察は，フランスの子どもの精神医療サービスにおける多職種介入の一環として用いられており，しばしば，自閉症の初期徴候や親子関係について重大な困難が懸念される場合に用いられています（Dugnat & Arama, 2001; Houzel, 1999, 2008）。治療的観察者の訪問は，親の不安や苦痛をコンテインし，親の有能感を高めるものだと考えられています。ドゥリオン（Delion, 2000）は，リスクの兆候をすみやかに発見して早期に専門家の継続的介入を開始することで，社会的コミュニケーションの困難さが生じるリスクのある赤ちゃんの予後を大きく変えることができるという確信から，観察的アプローチの進展とその成果を説明しています。デュニャ（Dugnat, 2001）は，異なる専門家やサービスをまとめ，チームで共同の省察を促す上で細やかな観察が果たす役割を強調しています。

　英国では，ロードが，後に自閉症と診断されるリスクのある幼い子どもたちへの介入について記しています（Rhode, 2007）。介入では通常，経験豊富な観察者が週1回1年間訪問しますが，これに加えて母親，あるいは可能であれば両親に対して，別のワーカーによる隔週の親支援セッションが行われます。親のなかには自分自身のために個人セラピーを受ける人もいました。試験的に行われたこの介入では，期待できる結果が示されました。自閉症の可能性を示す幼い子どもは他の人と同調することが難しい場合があり，そのため親や専門家は自分が要らない存在だと感じてしまうことがあります。希望をもてなくなってしまうと，子どものシグナルに気づいて応答することが非

常に難しくなります。子どもも親もお互いから引きこもってしまうという悪循環は，その後，人と関わることに関する既存の問題に拍車をかけてしまうのです。ロード（Rhode, 2007）は，押しつけがましくならずに関わることができる敏感性をもった観察者の存在が，親が子どもとの関わりに自信を失ってしまった状況でとりわけ助けになる可能性を示唆しています。ベルタおよびトルキア（Berta & Torchia, 1998）が強調しているように，観察的アプローチはつながりを作り，小さな仕草や視線のなかに意味を見出すことに焦点を当てます。それにより，希望に満ちた関わりを維持するのを助け，子どもと養育者がお互いを発見するための時間を与えてくれる可能性があります。この研究に参加した親子のペアでは，より楽しく，より一貫性のある相互作用を経験できるよう助けられたことで，関係性や発達が回復するための条件が整えられたように思われます。

　身体的疾患をもつ乳幼児とその家族を支援するための観察的介入も報告されています。カルデナル（Cardenal, 1999）は，生後 4 カ月目に網膜のがんのため，麻酔，注射，放射線治療という医療トラウマを経験した赤ちゃんの治療的観察を行いました。この介入では，観察結果を議論し共有するために両親との面会も行われました。ルシュバリエらは，トラウマとなるような争いの絶えない家庭環境にあって，乳児期の神経けいれん性障害であるウエスト症候群の徴候を呈した赤ちゃんに対する観察に基づく治療について述べています。3 歳半になったとき，この子どもは健康で，発達に遅れは見られませんでした。そして 5 歳になると，保育所にうまく溶け込むことができました。著者らは，「家庭で母親と赤ちゃんを一緒に観察する治療的乳幼児観察は，コンテインする空間を開き……情動を統合するのに役立つ」（Lechevalier, Fellouse, & Bonnesoeur, 2000, p. 28）ことを示唆しています。また，小児科医，小児精神科医，観察者といった専門家同士の連携によって，母親は落ち込みや不安が特にひどい時期に「自分は支えられている」と感じることができたのだと強調しています。

　治療的観察は施設で暮らす幼い子どもたちの支援にも用いられてきました。バルディシェフスキーは，ロシアの神経障害をもつ子どもたちのための

孤児院で，スタッフが特に心配していた生後11カ月の子どもについて報告しています（Bardyshevsky, 1998）。孤児院に来るまでに非常に多くの分離を経験してきたため，彼は運動機能の発達が著しく遅れており，人と目を合わせず言葉を発することがなく，養育者たちが関わろうとしても反応を示しませんでした。14カ月間の観察介入のあいだ，希望的変化が見られました。彼はおもちゃに興味をもつようになり，一対一のやりとりをするようになり，大人からの慰めを求めて受け入れるようになったのです。これらの発達と並行して，運動機能の急速な発達が見られました。

　タルソリーも，ハンガリーのひどい貧困状態にある子どもたちのための乳児院で，養育者たちと一緒に子どもたちを観察し，観察結果を一緒に振り返ることによって，スタッフと子どもたちのあいだのより個別的で調律された関係性を促進することができることを見出しました（Tarsoly, 1998）。タルソリーは，スタッフの人数に対する子どもの人数の比率の高さや硬直した施設の体制が，愛情のこもった一貫性のある養育を提供する能力をどれだけ損なうのかについて述べています。

養育手続き中の乳幼児を対象とした観察的アプローチ

　社会的養護のもとにいる子どもたちは早産児と同様に，生存が頻繁に脅かされるという基本的なトラウマを経験している可能性があります。激しい恐怖のエピソード，長期にわたる基本的ニーズの無視，繰り返される主要な養育者の交代によって，子どもたちは不安定で断片的な世界に置き去りにされます。マイルズは，里親委託される前に10代の両親のそれぞれ，そして拡大家族のメンバーから養育を受けた「ケリー」に対して行った，5つの異なる家庭での1年間の観察について報告しています。観察者の訪問が中断してしまいかねないほど突然で準備不足の移動があったにもかかわらず，観察者は，ケリーが里親家庭や実親のあいだの移動を繰り返しているときに連続性の糸を提供しました（Bridge & Miles, 1996, p. 95）。さまざまな異なる環境におかれた子どもに，観察者がバックグラウンドで焦点を当て続けたことで，

実親や里親たちがつながりをもち，心配事やケリーのニーズに関する理解を共有する助けになったのだと考えられます。

　ホール（Hall, 2009）は，ドメスティック・バイオレンス（DV）への懸念から生じた養育手続きのあいだに行われた，治療的観察を用いた介入について述べています。この介入では10代の母親とその赤ちゃんを母子の里親委託から，独立した宿泊施設での生活までフォローしています。初期の段階で心強かったのは，赤ちゃんの母親が観察に興味をもったことでした。介入が続けられるにつれて，母親と専門家たちとの関係性は改善し，ソーシャルワーカーと母親と観察者は一丸となって，この1歳児のニーズについて考えることができるようになったのです。

　精神分析的乳幼児観察が，印象をゆっくりと収集すること，そして人生早期の経験や関係性の意味や影響を重視していることは，社会的養護のもとにいる乳幼児の生活環境によく適合していると思います。次章以降は，このモデルを里親養育を受けている乳幼児に当てはめることを模索した研究，そして観察に基づく治療的作業から得られた洞察を活かしたサービスの開発について説明します。

第**3**章

臨床研究：里親養育を受けている
乳児の治療的観察

　子ども・思春期心理療法士としてのトレーニング中，私は自閉症スペクトラムを深刻化させるリスクのある乳児に対する，治療的観察の適用を検討する研究プログラムに参加するという，貴重な機会を得ました（Rhode, 2007）。治療的観察では，その子どもの人間関係や経験，ニーズをより深く理解するという全体的な目的に加えて，発達や相互作用に懸念のある領域に取り組むことを目的としています。1 年間の観察支援の後，子どもたちや親子のあいだに見られた重大な変化に触発され，私はこの方法を社会的養護のもとにいる幼い子どもたちに適用する可能性を探究することにしました。毎年何千人もの子どもたちが新しい家族と暮らすために移動しますが，この経験はほとんど研究の対象になっていません。社会的養護のもとにいる子どもたちに，専門的なメンタルヘルス・サービスを提供する児童心理療法士としての私の役割は，里親養育中の乳児に治療的観察を提供する可能性を探る臨床研究を行う機会を与えてくれたのです（Wakelyn, 2011, 2012a, 2012b）。

　私が研究を始めた当時は，社会的養護のもとにいる乳幼児の生活についての研究はほとんど発表されていませんでした。養子縁組されたり，長期にわたって里親養育を受けたりしている子どもや 10 代の若者を対象とした臨床研究では，彼らが社会的養護につながるまでの経緯や，彼らと里親やソーシャルワーカーとの重要な関係性については，ほとんど何もわかっていませんでした。私はこの研究を通して，社会的養護のもとにいる乳児の早期の経験や，その子どもと里親やソーシャルワーカーとの関係性についての理解が

深まることを願っていました。この研究のもうひとつの目的は，さらなる研究で調査できるアイデアを生み出すことでした。もし乳児が養子縁組されることになったら，養父母に会って，養父母の家で観察を続ける可能性を探りたいと思っていました。

　これは臨床の現場では非常に重要な意味があるにもかかわらず，取り組むのが難しいテーマのように思えました。プロジェクトが形になっていくにつれ，喪失と混乱を経験した乳児の体験に近づくことに不安を感じるようになってきたことに気づいたのです。おそらく，本来ならこのような乳児が曝されるべきではないようなことに，あまりにも多く曝されてきたと感じていたのでしょう。また，自分の役割がどのように理解されるのか，自分に何が求められているのか，里親家庭への定期的な訪問者であるという新たな状況のなかでどのように振る舞えばよいのか，ということにも不安を感じていました。これが，私がラハンと呼ぶ乳児とその里親の生活のただなかに私を連れていくことになった研究の始まりでした。この研究から私は多くのことを学び，このときに得られた情報は，社会的養護のもとにいる乳幼児のためのサービスの開発や多職種チームの幅広い活動に役立てられています。

　研究の準備の一環として，地方自治体のソーシャルワーカーやソーシャルワーク・マネージャーとの話し合いも行いました。地方自治体と研究倫理委員会から承認を得た後，私は里親の支援とマネージを行うソーシャルワーカーたちと会い，研究の背景にある考え方を紹介しました。研究に賛同してくれる里親家庭やソーシャルワーカーを探すのに時間がかかるだろうと思っていましたが，このプロジェクトはソーシャルワーカーやフォスタリング・マネージャーから歓迎されました。彼らは，このプロジェクトが専門家や養子縁組希望者へのトレーニングに役立つのではないかと考えたのです。私はラハンの里親（彼女をナディラと呼ぶことにします）に会い，彼女と彼女の家族はプロジェクトに参加することに同意してくれました。ナディラはラハンが生まれたときから彼の世話をしていました。最初に訪問したときにはラハンはもうすぐ生後2カ月になるところで，その後10カ月のあいだ，私は週1回のペースで里親家庭にいる彼を訪ねました。残念ながらラハンの養子

縁組後は，養親家族に会うことも新しい家庭で観察を続けることも叶いませんでしたが，ラハンが移動した後4カ月のあいだ，私はナディラとその家族を訪問し続けました。

ラ ハ ン

　ラハンは生まれた日に，ナディラとその家族のもとに預けられました。彼の10代の実母「タマラ」は「イスラム教徒の家庭に養子になってほしい」という願いだけを表明して，ラハンを養子に出すことを決めていました。ボーイフレンドが自分に暴力を振るうようになったときに，タマラはソーシャルサービスに助けを求めました。自分が妊娠しているとわかったとき，彼女は自分の家族のもとに戻りました。彼女の妊娠は，家族が所属する宗教コミュニティには隠されていました。ソーシャルワーカーたちは彼女の安全を心配し，家庭訪問をして継続的な支援を申し出ましたが，彼女はそれを断りました。タマラはラハンが生まれて数時間後に退院し，その日のうちにナディラが彼を自宅に連れてきて，養子縁組が成立するまで世話をしました。ラハンの担当ソーシャルワーカーは，実母タマラの安全をずっと心配し続けていました。

　これは現在の代替養育システムでは比較的珍しい状況です。ラハンは単一の里親委託という安定した環境で過ごし，実母やその家族との交流はありませんでした。研究の観点から言うなら，このことは里親養育において，養育的だけれども一時的な関係性のなかで成長するという経験に焦点を当てる，稀有な機会を提供してくれました。ラハンは胎内で実母の恐怖や不安のストレスに曝され，生まれた日に実母から引き離されるというトラウマを経験したかもしれませんが，マルトリートメントや主な養育者の変更はありませんでした。

　この研究では，10カ月の観察期間中，里親家庭で親密で愛情に満ちた関係性が展開されていく様子を体験することができました。また，ラハンの養子縁組に伴う不確かさや不安や希望にもある程度関わることができました。こ

の研究プロジェクトの最後に，私はプロジェクトに参加したメンバーに会って互いにフィードバックし合いました。参加メンバーには，ナディラ，ナディラのスーパーバイズソーシャルワーカー，ラハンの担当ソーシャルワーカー，ソーシャルワーク・チームのマネージャー，そして独立審査官がいました。そこで，私がどのように研究を実施したのか，また研究から学んだことを研修やサービスの開発にどのように役立てられるのかについて，話し合うことができました。嬉しいことにナディラと地方自治体のソーシャルワーカーは，社会的養護のもとにいる乳児や彼らを養育している里親のニーズに関して理解が深まるならと，研究から得られた知見を適切に匿名化した形で共有することに賛成してくれました。

　観察メモ，私のスーパービジョン，プロジェクト期間中に行った専門家とのミーティングのメモから成る研究データは，児童心理療法や社会科学研究で広く用いられている質的研究手法であるグラウンデッド・セオリー*13 を用いて分析されました（Glaser & Strauss, 1967; Rustin, 2001, 2012; Rustin & Rustin, 2019）。この手法は，深い何かや相互作用の詳細を伝える「豊かな記述」を生み出すことを目的としています。乳幼児観察と同様，グラウンデッド・セオリーには新たなつながりへの受容的で開かれた態度が必要です。繰り返し現れるテーマや根底にあるカテゴリーを明らかにして仮説や質問を生み出すために，データを読み解く際には「継続的比較」が用いられます。（Anderson, 2006; Holton, 2007）。

　本章の残りの部分は，10 カ月の観察期間中に行った観察訪問とソーシャルワーカーたちとのディスカッションの記録です。

はじまり

　ラハンの里親であるナディラと夫のダアミンには 3 人の実子がいます。ナ

---

*13 グラウンデッド・セオリー・アプローチとは，社会学者のグレイザー（Glaser）とストラウス（Strauss）によって創始された社会科学の方法論で，社会的現象についてデータの収集と分析を通してデータに根ざした理論（Grounded Theory）の生成を目指すもの。

ディラと里親家族に自己紹介をするために訪問すると，私の訪問を楽しみに待っていてくれたように感じました。11歳の息子ケマルが玄関で出迎えてくれ，人懐っこい笑顔でキッチンに向かって身振り手振りをしていました。私は靴を脱ぎ，ケマルの後を追いかけてキッチンへと向かいました。そこでは，ナディラが生後7週間のラハンを膝に抱っこしていました。この訪問の目的は，ナディラに会って治療的観察研究の内容を説明し，参加を希望するかどうかを聞くことでしたが，私たちが出会った瞬間からすでに何かが始まっていました。

　ナディラは真面目そうで艶やかな黒髪が魅力的な若い女性で，私に温かい笑顔を向けてくれました。ラハンはナディラの膝の上に横たわり，哺乳瓶を咥えながら彼女の背後の壁を見つめています。ラハンの顔は自分の内面に沈み込んだ小さな老人のようで，長い眉毛と突出した鼻がやけに目立ち，なんとなくまとまりがないように思えました。私はラハンのことを醜い赤ちゃんだと瞬時に思ってしまったことに悲しさと罪悪感を覚え，ラハンを観察することが怖くなりました。
　ナディラはラハンに優しく穏やかな声で話しかけます。数分後，ナディラはラハンを自分のそばの床の上に置かれたチャイルドシートに寝かせました。ラハンが泣き出すとナディラはおもちゃを与えましたが，ラハンの目には入らないようです。私はラハンにお気に入りのおもちゃがあるかどうかナディラに尋ねました。ナディラは，「どのおもちゃもラハンにとっては同じです……それに，ラハンはつかむことができないのです」と答えました。ナディラはチャイルドシートを足で揺らしながら，自分たちが家族として，まずは里親になって，とにかくやってみることにしたのだと私に教えてくれました。
　その後しばらくして，ナディラが私に，彼女が里親として認定された直後に知らない人から電話がかかってきて，翌日病院に子どもを引き取りに来てくれと言われたのだという話をし，私はまだ生々しいショックが残っているのを感じました。病院では職員がナディラの身元を確認するあいだ外で待っているようにと言われ，病棟の入り口で子どもを引き渡されたのです。家への帰り道では，誰かが待ち構えていて，彼女を襲ったり子どもを連れ去ったりするのではないかと，気

が気ではなかったと言いました。

　ナディラが，ラハンを引き渡されたときのことを私に話していると，ラハンは泣き出しました。ナディラはラハンを抱き上げて抱きしめ，毛布の上に寝かせ，なだめるように語りかけます。ラハンは顔がパッと明るくなり，全身を震わせ，手足を伸ばしてナディラの方に顔を向けました。

　ナディラはラハンと過ごした最初の1週間について話しました。ナディラの歌うような声のトーンに耳を傾けながらラハンを見ていると，彼がまとまりをもっているように見えることに驚き，感動を覚えました。ラハンは先ほどよりもつながっているように見え，顔や目はさらに色を帯びていました。私はラハンに引きつけられるのを感じ，希望を覚えました。ナディラはラハンをじっと見つめて，「ジェニファーに歌ってあげましょうか」と優しくつぶやきます。「ジェニファーはまだあなたの歌を聞いたことがないのよ」。それは静かなお祝いのように感じられました。

　歌うというナディラのアイデアは，彼女自身とラハンとのあいだでひとつになることを示す，お祝いのような性質をもっていました。歌うことは，ラハンが，あたかも自分自身と一体となるかのように，より統合されて存在感を増すのを助けるように思われました。また，まるでこの新しいプロジェクトに私たちが集ったことを静かに祝ってもらっているかのように，私自身も歓迎されているように感じました。

　ラハンの担当ソーシャルワーカーに会って研究について話し合ったとき，私は彼女が心に留めている複雑なつながりに心を打たれました。彼女は，タマラから「ラハンのことを考えているのは夕方の早い時間帯が一番多い」と言われたことを思い起こし，ナディラからは「ラハンはちょうどその時間帯に独特の泣き方をするようなので，私たち家族はもしかしたらその時間帯に実母がラハンのことを考えているのではないかと思っている」と言われたのだと付け加えました。ラハンの周りにいる人びとには，ラハンと実母とのつながりの可能性を少しでも見つけて心に留めておきたいという強い思いがあるようでした。同時に，ラハンが生まれた日に母親と離れ離れになったとい

う事実は厳然としてあり，彼が病院からナディラに唐突に（仲介なしに）「連れていかれた」経緯に反映されているように思えました。私たちの最初の出会い——とても力強い何かがまったく思いがけずに起きているという感覚を覚えた出会い，そしてその激しさを仲介してくれたり，お互いのことを紹介してくれたりする人が誰もいなかった出会い——の直接的な介在者のいない性質もまた，これに呼応しているように思えました。ナディラがラハンに，私のために歌ってくれないかと優しく語りかけたとき，何か新しいことが起きているような気がしました。追体験されているかのように思えた混乱や不安が言葉にされたことで，より生き生きとした雰囲気が生まれました。過去と現在は区別され，未来についての希望に満ちた考えが浮かび上がってきたのです。「つかむことができない」子どもが，歌うことができる子どもに変わったのです。

　2回目の訪問では，ナディラの夫ダアミンに会いました。彼はラハンがハイハイをし始めてすぐに養子縁組をするのは間違っていると考えている，と言います。子どもたちは，移動しなければならないとしても，その前に少なくとも2年間はひとつの家庭で過ごすべきだと考えていました。ナディラは，移動はいつでも，何歳であってもつらいだろうと言います。ナディラはラハンを抱きしめ，夫と私に微笑みかけました。ナディラは，「つらさや大変さをわかってもらえる」と知っていることが支えになると感じているかのようでした。ラハンの担当ソーシャルワーカーとナディラは，研究への参加に同意したことを私に伝え，観察が始まりました。

　ナディラはラハンの隣にひざまずき，両頬にキスをします。ラハンはうなって，そして静かになりました。ナディラはラハンの近くに横たわり，彼が今何を望んでいるのかわからないと言います。お腹が空いているの？　それとも眠いの？　あれこれ考えながら，ナディラはラハンを見ています。私はラハンの近況を尋ねました。ナディラは「養子縁組のことですか？」と聞き，それは長いプロセスだと言います。文化的にマッチした家族を見つけるには時間がかかりそうで，またそのためにラハンはロンドンから引っ越すことになる可能性もありました。そう

なれば，ラハンは母親から，そしてナディラたちから離れて「本当に迷子」になってしまうのです……。ナディラは，ラハンのことを実子のように感じる必要があること，ラハンが実子であるかのように面倒を見ていること，それは赤ちゃんにはわかるのだから，養育者は実子に対してもっているのと同じ愛と情熱をもって，赤ちゃんに自分たちの子どもだと感じてもらう必要があるのだと言いました。

　ナディラはラハンを養子縁組したいけれども，彼には一人部屋が必要で，実子たちのように部屋を共有するのはだめだと言われたと私に話します。彼女は「あなた方は養親の最有力候補ではない」と言われていました。ソーシャルワーカーたちは「彼はあなたのものではないことを忘れないで」とナディラに言い続けているのだと言います。ナディラが自分の赤ちゃんの面倒を見たときと同じようにラハンの面倒を見てはいけないと，ラハンの担当ソーシャルワーカーに言われていること，例えばお風呂の入れ方など工夫しないといけないことがいろいろとあるのだと話していると，ラハンは弱々しく泣き始めました。私は「それはずいぶん大変でしょう」と言いました。

　ナディラは天井を見上げていたラハンの方を振り返りました。「そこに何が見えるの？」と尋ねて，もう一度哺乳瓶を与えてみると，ラハンは今度は強く吸うようにしてほとんど全量を飲んでしまいました。緊張感が抜けていく感じがします。ラハンはしっかりとミルクを飲み，ナディラの腕に抱かれて哺乳瓶の乳首を咥えています。しばらくしてラハンは吸うのをやめ，乳首を口に入れたままにしています。「今は飲んでしまいなさい。その後，遊んでいいわよ」とナディラが静かに言うと，ラハンはけだるそうにナディラを見ました。

　しばらくすると，ナディラはラハンを抱き上げ，腕に抱いてあやしながら一緒に鏡を見ようとラハンを連れて行きました。鏡に映った自分の姿を見てラハンが悲しげな声を上げると，ナディラは「あら，どうしたの？　ジェニファーがあなたに会いに来ているのよ」とささやきました。ナディラはラハンを赤ちゃん用のバスケットに寝かせ，毛布でくるみます。ラハンは手の甲で頬をこすりながらゆっくりと目を閉じていき，親指はゆっくりと口の中に入っていきました。

観察 1（3 カ月 1 週間）

私はナディラの歓迎とオープンな態度をありがたく感じました。ナディラは私をラハンに紹介してくれて，私の役割が受け入れられ評価されていると感じられるようにしてくれていました。最初の訪問のときと同じように何かが始まった感覚がありましたが，それは最初にラハンとナディラが唐突に一緒になったときとは異なる性質をもっているように感じました。私はナディラがラハンのために，現在と未来を区別しながら順序という概念をいかに明確に表現しているかに気づきました。「今は飲んでしまいなさい。その後，遊んでいいわよ」。順序の感覚があると，時間は未知のものと既知のものの橋渡しをします。「あなたはジェニファーのことをよく知るようになるのよ」。

　ラハンが手で自分の頬に触れていたとき，ラハンはナディラが彼の顔を撫でたりキスしたり，愛情を込めて見つめたりするのを真似ていました。ラハンはナディラから何かを取り込んで，その何かによって自分の親指を見つけたようでした。そして，ラハンは落ち着いたのです。里母から与えられるミルクと愛情のこもった世話や注目の両方を通して，ラハンが何か良いものを内に取り込むことができているという感覚がありました。また，ナディラに投げつけられた「彼はあなたのものではないことを忘れないで」という衝撃的なメッセージから，ラハンは保護され緩衝されていました。

　週に一度訪問するリズムが確立されるまで，数週間かかりました。最初の観察では身の置き場を見つけるのに苦労しました。訪問後は自分の考えをなかなかまとめられませんでした。記録を書くのに何時間もかかり，肉体的にも精神的にも疲れ果ててしまいました。感情や印象を吸収し，受け止め，収集し，観察の連続性を保つことにエネルギーを費やしているように思えました。スーパーバイザーと話すなかで初めて物事のつながりが見え，考えることができるようになりました。ナディラの祈りの日課は，構造化された感覚を与えてくれます。

　ナディラはベッドの端に座り，ラハンの上にかがみ込んでいます。ラハンはクッションに支えられてナディラを見上げています。ナディラは私にベッドの近くの椅子に座るように誘いました。彼女は哺乳瓶を支えながらラハンの顔を覗き

込みます。ラハンは哺乳瓶を強く吸いながら，うっとりとナディラの目を見つめています。ナディラはラハンに顔を近づけて，静かに高い声で話しかけています。私はナディラの手に重ねられたラハンの大きな手を見ていました。

　ナディラはラハンを抱き上げ，円を描くような規則的な動きで背中をさすります。ラハンは瞬きをして私の方向を見ますが，焦点が合っていません。私は静かに「こんにちは，ラハン。今日もあなたに会いに来たよ」と話しかけました。ラハンは大きな灰色の瞳で私をじっと見つめ，そっぽを向いてナディラの肩に向かって微笑み，再び私を見て，私を見ながら微笑みます。私はラハンがすぐに笑顔を向けてくれたことに非常に驚きました。私は静かに「こんにちは」と繰り返しました。今度はラハンは弱々しく泣いてうめき声を上げ，体をこわばらせてしゃっくりを始め，しゃっくりしては小さな泣き声を上げることを繰り返します。ラハンは私をちらりと見て，また目をそらし，身をよじらせて赤くなりました。

　私はベッドからほんの少し離れたところに座っていましたが，近すぎるような気がして少し後ろに下がりました。ナディラがラハンをなだめると，しゃっくりは治まりました。ナディラがラハンを抱きしめると，ラハンは瞬きをして私をじっと見つめ，ナディラの肩の方を向いて微笑みました。ラハンは再び私を見て，微笑みました。

　ナディラはラハンを床に寝かせてぬいぐるみを与え，ラハンにも私にも「今からお祈りします」と説明してくれました。ラハンはぬいぐるみを落としました。ナディラはひざまずいてラハンの上にかがみ込み，彼の顔を撫でてからお祈りを続けます。私はナディラのお祈りにラハンが含まれていることに感動を覚えました。ラハンは顔の向きを変えて膝を上げ，しばらく手足をバタバタさせてから左手の甲で自分の頬に触れました。徐々に親指が口の中に入り，実際に吸うとリラックスして目の焦点が合わなくなりました。　　　　観察2（3カ月と2週間）

宗教的な信念と実践を通して自分のコミュニティと精神性に結びついていたナディラは，お祈りのあいだもラハンとのつながりを保つことができました。自分の頬を撫でて親指を口に含むと，ラハンは自分自身とひとつになることができ，待つことができるようになっていきました。

朝食や放課後の子どもたちの賑やかな様子やラハンへの関心の高さを聞くことはあっても，ほとんどの訪問では，日中は家の中は静かでした。ナディラが家事をこなしながらラハンの観察を私と共有するとき，私は自分の存在がナディラに受け入れられているように感じました。「お庭をぐるぐる（Round and Round the Garden)」*14 の手遊び歌で，ナディラがラハンの左側と右側，頭と体を結びつけるのを手助けするとき，ラハンはナディラのまなざしと声に抱えられていました。

　　ナディラはラハンに話しかけると，私に見えるように彼をぐるりと回し，キスをして頬を撫でました。ナディラはラハンが左の方しか向かないことを心配し，頭の片側が平らになってしまっているほどだと言います。ナディラはラハンの右側にいる私の方を向くようにラハンを促しました。ラハンは少し振り向いてから，またわざわざ顔を左の方に戻して壁の方を向きます。そしてナディラの顔を覗き込みました。ナディラはラハンのあごにキスをして，「お庭をぐるぐる」をして，歌に合わせてラハンのお腹や腕，顔を触りました。ラハンの視線が生き生きとして集中してきます。ラハンは目を輝かせてこちらを見ており，私は今日初めて彼が私のことを見てくれているような感じがしました。　　観察2（3カ月と2週間）

　ナディラは学期のハーフタイム*15 に子どもたちに会うことになると言います。子どもたちは，私の訪問のことも私が何をしているかも知っているそうです。それはとても助かりましたが，ルーティーンが変わることによって，自分がこの観察のために訪問していることを忘れてしまうのではないか，という心配が頭をよぎりました。いつもの時間に到着すると，ケマルが玄関に出てきて，ナディラはラハンを連れて外出していると言います。そのとき私は戸惑いと動揺を感じました。「いつ消えてしまうかわからない赤ちゃん」というナディラの体験を，自分のものとして鮮烈に味わいました。

---

*14 英語圏で一般的なくすぐり遊び歌。
*15 英国では学期の中間に1週間の休みがある。

30分後に戻るとナディラが家の外にいました。お店から帰ってきたばかりだと言って温かく迎えてくれました。

　　ナディラはラハンをベビーカーから降ろし，私は「1週間でずいぶん大きくなりましたね」と言いました。ナディラはラハンが左の方ばかり向くのだという話をまたします。心臓の鼓動が聞こえるように赤ちゃんを左側で抱っこする人が多いようだと話すと興味をそそられたようでした。ナディラはラハンを左肩の方に抱っこして，一緒に鏡を見ました。ラハンの視線が生き生きと集中してきます。ラハンは私を見ました。私はその時，ラハンが今日初めて私を見てくれたように感じ，挨拶をしました。

観察3（3カ月と3週間）

　　4回目の観察のために私が到着したとき，ナディラは自分の母親と電話で話していました。私はナディラの膝の上にいるラハンを見るのは最初の訪問のとき以来だと気づきました。ラハンは，実子たちが順番に使ってきたアヒル形のクッションを手に持っていました。

　　ナディラは母国の母親と電話で話していました。ラハンはナディラの膝の上にいます。ナディラは腕をしっかりとラハンに回し，ラハンはナディラの胸にもたれかかっています。ラハンは暖かくてリラックスしているように見え，瞳は黒く輝いています。ラハンは私の方を見て腕を振り，足を蹴り出しました。

　　2人とも紺色のものを着ていました。ナディラはパジャマと暖かいドレッシングガウン，ラハンはフリースのカバーオールです。ナディラは私に，ラハンはとても長い時間眠っていて，昨夜10時頃から一度も目を覚まさなかったと言いました。ラハンはその前日も長時間寝ていたそうです。寒さと暗さのせいなのかしらとナディラは考えています。私は最初の観察のあと長時間眠ったことを思い出しました。

　　ナディラはラハンに，柔らかいオレンジ色のくちばしと目が特徴的な黄色いアヒル形のクッションを差し出しました。ラハンはそれを両手でつかみ，あごで挟むようにして口を押しつけます。

その後，ナディラがラハンにミルクを飲ませるためにベビーベッドにかがみ込むと，ラハンは静かに規則正しく吸いました……ラハンはじっと横たわって，ナディラの両手にそっと触れると，自分の両手を頭の横に下ろします。ラハンはこの一連の動きを何度も何度も繰り返しました。ナディラは私に，ラハンの頭にあるいくつかの痕を見せました。確信はないけれども，生まれたときの鉗子や吸引の痕ではないかと思っていると言います。ナディラは何か考えているようにラハンを見て，頭を撫でました。彼女は，ラハンは実母から何も持たされずに生まれてきたのだと言います。ナディラがラハンのためにもらってくることができたのは病院のリストバンドだけでした。

　ナディラがベビーバウンサーに乗せられたラハンの隣でお祈りをするためにひざまずくと，ラハンは半分ナディラの方を向き，次に私の方を向いて，頭をぐるっと回してディナ（ナディラの末娘）のタンスに貼ってある女性歌手の顔写真のステッカーをじっと見つめます。ラハンの視線は，そのステッカーに釘づけになりました。

　ナディラは私に，心理士が訪問にやって来て，赤ちゃんがこんなに元気にしているのを見て嬉しいと語ったことを話しながら，実際のところ他の子どもと比べてどうなのだろうかと気にして考えていました。ナディラは言います。「まぁ，ラハンは今のところ元気です」。
観察4（4カ月）

　ナディラは彼女の母親の注目と関心にコンテインされ，私は確立され始めた規則正しいリズムと臨床的なスーパービジョンに支えられていました。私たちの共同の注目に抱えられて，ラハンには移行対象が与えられ，彼はそれをしっかりと抱きしめていました。吸水性があり，柔らかく，この家族の子どもたちが全員赤ちゃんのときに与えられてきたという歴史をもつこの原－玩具（proto-toy）は，クッションとおもちゃの中間的なもので，抱っこしたり，鼻を押しあてたり，撫でたり，噛んだり，つかんだり，落としたり，拾ったりすることができます。

　里親委託の13カ月間，この家族の計画やニーズは保留されたままでした。ラハンの養子縁組が常に差し迫っているように感じられたため，彼らは皆で

休暇に出かけることができなかったのです。

　　ナディラは，どれほどラハンを母国に連れて行って自分の母親に会わせたいか
を私に語ります。しかしナディラはソーシャルワーカーたちに，「ラハンはすぐに
でも移動になるかもしれないから」という理由で，ラハンを休暇に連れ出すこと
はできないと言われたのでした。　　　　　　　　　　　　　観察4（4カ月）

　この里親家族にとって，自分たちが休暇に出かけているあいだにラハンが
別の養育者に委託されるなどということは考えられませんでした。

胸騒ぎを伴う発達
　観察の中間期を特徴づけていたのは，待機と不確かさでした。ラハンの発
達が一段階進むごとに，ラハンが連れて行かれてしまうつらい現実が近づい
てくるように思われました。里親家族は，ラハンにまた会えるのかどうかも
まったくわからなかったのです。そこには，毎日が同じようで，単調で，不
毛であるというもの悲しい感情がありました。

　　ラハンはベッドの真ん中の枕に横たわり，ナディラが支えてくれている哺乳瓶
を静かに吸っていました。ラハンはナディラの片方の手を握り，彼女をじっと見
つめています。ナディラはラハンの足をそっと撫でながら，前の週にラハンがど
れほど体調が悪く，機嫌が悪くて落ち着きのない状態だったか，そして昼夜を問
わずどれほどの注目を必要としていたかを私に思い起こさせました。
　　またこんなことをするのかしら，とナディラは声に出して自問自答します。ま
だ他の里親には会ったことがないのだと教えてくれました。
　　ラハンは，ナディラが近くで話しているあいだは引き締まった表情で注意を
払っていますが，ナディラが部屋を出ると急に力を失ったようになって抗議しま
す。戻ってきたナディラは，ベッドサイドのテーブルをぞんざいに布で拭きまし
た。ラハンが泣き出します。ナディラはラハンの哺乳瓶を私に見せて，「漏れるん
ですよ。ソーシャルワーカーが安いのを買ってくるから」と言いました。ナディ

ラは，「あの人たちは，こんなものをあなたにくれたのよ」とラハンに言います。私はナディラがラハンの哺乳瓶を買わないのだと知って，驚きと悲しみを覚えました。

　ラハンが眠っているあいだ，ナディラは私に，彼が養子縁組されること，行ってしまうのだということはわかっているのだと言いました。彼女はそれを受け入れているし，家族もなんとかうまくやれるだろうと思っています。ナディラはこれからどうなるのか，移動によってラハンがどんな影響を受けるのかと私に尋ねました。ナディラはそれについてよく考えていると言います。子どもたちは，「ラハンがどこかに行くなんてありえないでしょう？　自分たちがラハンの家族なんだから」とナディラに言っています。

　ナディラはラハンを混乱させないように，自分のことを「ママ」と呼ばないようにしているのだと言いました。母親はひとりしかいません。そしてラハンは，もうひとり，養母という母親をもつことになります。ナディラは当面のあいだラハンの面倒を見ているだけなのです。私は，「この家族のなかでラハンがあなたと一緒に過ごしているこの時間，あなたがラハンに与えている愛と養育はずっと彼のなかに存在するでしょう」と言いました。

　ラハンが目を覚ますと，ナディラはラハンにキスをしました。ラハンはナディラのポロシャツの襟をつかみ，ナディラがゆっくり体を傾けてもずっとつかんでいます。ナディラは，ラハンがしっかりつかまっているとコメントしました。

観察 6　（4 カ月と 2 週間）

　ナディラが自分は里親であるという現実をしっかりと受け止めるには，時間がかかりました。この現実を受け入れていくにつれて，ナディラは徐々にラハンに対して行っている養育と，自分の子どもに対して行ってきた子育てを結びつけることができるようになっていきました。

　ナディラは部屋を出ていきながらラハンに話しかけ続けます。ラハンはナディラがくれた四角いおもちゃの角を口に入れて，前をじっと見つめています。ナディラが戻ってくると，私は，いかにラハンが彼女がそこにいるときは彼女を見

ていて，彼女が出ていったときには彼女の声を聞いているか，というようなこと
を言いました。

　ナディラは，自分の子どもたちが赤ちゃんだったときには全員と「いないいな
いばぁ」遊びをしていたのに，ラハンとこの遊びをすることをたった今思い出し
たのだと言いました。なぜだか彼女は「いないいないばぁ」遊びのことを忘れて
いたのです。ナディラが言うには，この遊びは赤ちゃんが少しのあいだ待てるよ
うになるのを助けるのだそうです。　　　　　　　　　　観察6（4カ月と2週間）

　おそらく迫りくる永遠の別れが重くのしかかり，それに気をとられていた
ナディラにとって，別れと再会のリハーサルを繰り返す「いないいない
ばぁ」遊びは，あまりにも生々しく感じられたのでしょう。「いないいない
ばぁ」遊びがラハンの助けになると認識し，一緒に「いないいないばぁ」遊
びができる精神状態になったとき，ナディラは彼の現在の成長と将来の分離
を心に抱えていました。

　ナディラはよく，ラハンは左側が優位になっていると指摘していました。
何週間も寝返りを打とうとして動けなくなっていたラハンが，ついに左右に
寝返りを打つことに成功したときは，ほっとしました。

　　ラハンは何度も何度も寝返りを打とうとしますが，そのたびに左側で動けなく
　なります。ラハンは下の布を引っ張り，てこの原理で起き上がろうとしますが，
　転がることしかできません。ナディラは，ラハンはまだ左側が優位になっている
　のだとコメントしました。ラハンの右手はほとんど痙攣しそうなほどに握りしめ
　る動きをして，何度も開いたり閉じたりを繰り返します。それを見ていると悲し
　くもあり，心配にもなりました。　　　　　　　　　　　　　観察8（5カ月）

　私の頭のなかでは，ラハンの成長の各段階は，ラハンが実母を失ったとい
う記憶と里母を失うという予測とともに形作られていきました。手を握りし
めるラハンの動きを見ていると，彼はどこをつかめばいいのだろうか，誰に
つかまればいいのだろうかという疑問が湧いてきました。ラハンが里母を内

面化していくなかで，実母の突然の完全な喪失という身体的な記憶が再び呼び起こされ，手放さないように手を握りしめる動作が強調されているのではないかと私はスーパーバイザーと一緒に考えました。

　ラハンが実母に会う可能性について，ソーシャルワーカーたちから話が出たとき，それがラハンにとってどのような経験になるのかとナディラと私が話し合っていると，ラハンは私の顔から何かを読み取って目を背けました。

　　ナディラは，ソーシャルワークの学生から電話があって，「お別れの交流」のため，週末にラハンを実母に会わせに連れていかなければならないと告げられたのだ，と私に話しました。ナディラは自分も実母に会うのかどうか，そして自分が彼らの面会のあいだ，その場にいることが期待されているのかどうかわからないと言います……実母に会うことはラハンにとってどんな経験になるのだろうかとナディラは深く考えます。「ラハンには実母のことがわかるのかしら？　もちろん，魂ではわかるでしょう」。
　　ナディラが台所に入っていくと，ラハンは目と耳で彼女の後を追います。ラハンはしばらく私を見つめました。もしかしたら彼は土曜日に実母に会うことになるのかもしれないと私が考えていると，ラハンの顔つきが急に変わり，身をよじって赤くなり大声で泣きました。　　　　　　　　　観察10（5カ月と2週間）

　結局，実母との面会は実現しませんでした。このような不安と不確かさという背景とは裏腹に，ラハンは心身ともに統合されていきました。

　　ラハンは仰向けに寝転んで膝を立て，両手でそれぞれの足をつかみます。そして左足を落として泣きそうになり，再び両足を両手でつかみます。これを何度か繰り返しました。ラハンはつぶやくように鼻歌のような音を繰り返し出しています。ラハンの視線は私の顔から足元へと移ります。私が足を動かすと，ラハンは魅了されたような表情をして，ゆっくりと自分の足を動かしました。
　　　　　　　　　　　　　　　　　　　　　　　　　観察10（5カ月と2週間）

左足を落としては，またつかむことと両足をつかむことを交互に繰り返しているあいだ，ラハンは唇と口の前部と後部を総動員して鼻歌のような音を出すことを通して，自分自身にバックグラウンドの連続性を与えていました。ラハンが自分自身とのつながりを強めていくと，私ともつながることができるようになり，私と積極的にしっかりと目を合わせるようになり，私と私の足，そして自分の足で何ができるのかということに興味津々になっていきました。

　私はラハンが順調に発達していることへの喜びと，ラハンの人間関係が一時的なものであることとのあいだで引っ張られているように感じ，それはすぐに私の頭のなかで最も重要な問題になりました。

　　ナディラは，ラハンが今ではどれほどしっかりと自信をもってまっすぐに座るようになったかを私に見せます。ラハンの前におもちゃの入ったバスケットを置いて，彼は今では自分でおもちゃを選んで取り出せるようになったのだと教えてくれました。しかし私たちが見ていると，ラハンはバスケットに手を伸ばす代わりに，バスケットの下にあるベッドカバーを引っ張り上げるので，すべてのものが持ち上がり，おもちゃは全部こぼれ落ちてしまいました。ラハンはこれを何度か繰り返しました。ラハンとナディラの分離のつらさが頭をよぎります。私は大きな恐怖の感覚を覚えました。　　　　　　　　　観察11（5カ月と3週間）

リンボ（辺獄）の時[*16]

　生後6カ月になったラハンは，月齢の割にがっしりとしていて体が引き締まり，背も高い方です。ウェーブのかかったジンジャーブラウンの髪をしていて，赤みがかった頬を除いて肌は青白く，ブルーグレーの瞳は濃い睫毛で縁取られています。整った目鼻立ちをしていて，まるで里親家族の子どもたちとの遊びを期待しているかのように，しばしば今にも笑い出しそうな表情

[*16] キリスト教において，洗礼を受けなかった幼児やキリスト降誕以前に亡くなった善人が死後にたどり着くと言われている天国と地獄のあいだに存在する場所。転じて，忘れられたものの行きつく場所。中間の領域（状態）。不確かな状態。

をしていました。

　冬眠状態のような，アイデンティティが融合した感覚が，再び前面に出てきます。

　　子どもたちが学校に戻ると，前回の休み明けと同じような，ナディラとラハンを融合させるような力が再び現れました。ラハンはまた体調が悪く，ナディラもパジャマ姿です。夜と昼の区別が曖昧になっているようで，ナディラとラハンは融合しているように見えました。ナディラは一晩中ラハンと一緒に起きていたのだと言います。彼女は子どもたちを起こさないように，ラハンを自分の隣のベッドに寝かせていました。　　　　　　　　　　　　観察14（6カ月と2週間）

　ナディラはラハンの実母のことと同じように，未来の養親のことも心に抱えることができるようになりました。

　　ナディラはラハンの最初の歯を私に見せようとしましたが，彼が歯を舌で覆っているので背を向けました。ナディラの様子を見ながら，ラハンはゆっくりと赤ちゃん用のハイチェアのテーブルからおもちゃを落としていきます。ラハンはディナの小さな人形の長い黄色の髪の毛をずっとつかんでいます。
　　ナディラはラハンのオムツを交換すると，片手でラハンの両足を持って手際よく拭いてあげました。ラハンはナディラを見上げて微笑み，次に私を見上げて微笑みます。ラハンは前よりもずっとつながりが感じられ，注意を払っているように見えます。ナディラがラハンの足を離すと，ラハンは足を蹴って片方に寝返りを打ち，そしてもう片方に寝返りを打ちました。ナディラはラハンがどれほど気立てが良いかを私に説明しました。それに対して私は，ナディラとラハンがどれほどお互いにわかり合っているか，ラハンは次に何が起きるのかをどれほどよくわかっているかというようなことを言いました。ナディラは新しい養親がどれだけ多くのことを学ばなければならないか，どれだけラハンのことを知っておく必要があるか，また，バタバタしていていろんな人が出たり入ったりしている朝に来られたらどれだけ大変なことになるか，と口に出しながら考えています。ナ

ディラは私がやっているようにすると言います。すなわち彼らを観察し，彼らが何を理解していて，何を知る必要があるのかを確認するのだそうです。

観察14（6カ月と2週間）

　ラハンが生後7カ月になると予定通りに観察を見直し，里親家族とソーシャルワーカーは継続に同意しました。その後3カ月のあいだにラハンが移動するという見通しが立ち，これによって「ラハンはいつ行ってしまってもおかしくない」という考えが和らげられているようでした。
　かなり沈んだ雰囲気が漂っていました。ラハンは風邪や軽度の感染症が続いており，そのせいでよく眠れずにいました。ナディラは観察中パジャマ姿でいることが多くなっていました。ラハンはボロボロのしぼんだ風船で遊ぶのがお気に入りで，何度も噛みついていました。私はそれがラハンの顔の前で破裂するのではないかと気が気ではありませんでした。

　ラハンは大きなプラスチック製のクリケットのバットと別のおもちゃをつかみ，三つ目のおもちゃにバットをトンと打ちつけます。……しばらくすると柔らかいボールと，それがちょうど収まるへこんだ蓋をつかんでいました。……ラハンは別のおもちゃを手に取りたくて悪戦苦闘し，床の上にうつぶせになって動けなくなってしまいました。ラハンは座ろうとして必死にもがき，ナディラは声で励まし，彼は座ることに成功して大きな笑みを浮かべました。
　ナディラが台所に入っていくと，ラハンは目と耳でナディラの後を追います。そして，しばらく私を見つめます。ナディラはラハンに空気の抜けた風船を渡し，ラハンはそれをぎゅっとつかみます。ナディラは，もうラハンはぬいぐるみで遊ぶには大きくなりすぎたから新しいおもちゃを買ってこなくては，と言いました。
　……ラハンはミルクを飲みながら，手をゆっくりと開いたり閉じたりしてぎゅっとつかむ動きを繰り返します。ナディラがラハンを抱き上げると，ラハンは彼女の胸に寄りかかり，その胸に自分の手を置いて動きを止めました。
　ラハンは三つのおもちゃを両手に持っています。ひとつはナディラやディナの髪と同じような腰まである長い髪の小さな人形です。ナディラは私が来る前，朝

からずっと膝の上にラハンを抱っこしていたのだと言います。ナディラは，私が来るとラハンは気分が良くなる気がすると言いました。私はラハンにとって彼女の膝が良い場所なのだと言いました。

観察 16（7 カ月）

ナディラとラハンと私の 3 人は，一緒にいる方法を見出しました。そしてラハンは今，三つのおもちゃを持つことができます。私たちが一緒にいることに安らぎを見出したことは，ラハンをさらなる「第三者」，つまり養親と引き合わせることについても明るい見通しを与えてくれました。しかしドアがノックされるたびに，ナディラも私も，誰かがラハンを連れ去りに来たのではないかという空想がよぎり，この三者の心の状態はもろくも崩れてしまいます。「三」のもうひとつの見方は，あまりにも酷なもののように感じられました。

ナディラはラハンに「ワン，ツー，靴のバックルを留めて（One, two, buckle my shoe …）」と歌います[*17]。

観察 21（8 カ月と 3 週間）

ナディラは途中で歌うのをやめました。「スリー，フォー，戸口にいるのは誰？」という次の歌詞は，あまりにも遠い先の段階のように感じられたのです。成長していく小さな赤ちゃんを悼む気持ちは，やがてやってくる分離への恐怖を伴っています。私はナディラとラハンが周期的に引きこもる擬似冬眠状態を，この経験の「過酷さ」からの退避であると考えました。苦痛と混乱は，ラハンの強さと生きる熱意を目にする安堵と喜びによって軽減されますが，少しずつしか受け付けられないのです。

　私はナディラに，いつであってもラハンが養親家庭に行ってしまうときが来たら，その後数週間，一緒にラハンのことを考え，思い出すために私が彼女を訪問し続けるのはどうかと提案しました。ナディラはこの考えを喜んでくれたようです。彼女は私の訪問によってラハンを身近に感じることができ

---

* 17 英国や米国などの英語圏で歌われる数え歌。

ていると教えてくれました。しかしナディラのスーパーバイズ・ソーシャル
ワーカーは，私が訪問を続けることはできないだろうと私に言いました。彼
女はナディラが数日のうちに別の赤ちゃんを委託されるだろう，と考えてい
たのです。

「そのときは今」

　ラハンの養子縁組への移行計画では，里親と赤ちゃんに対する，病院から
の無防備で唐突な移動のときと同じことが繰り返されようとしていました。

　　ナディラは，カメラマンがラハンを「宣伝」するために写真を撮りに来ると電
　話をかけてきたとき，「嫌な予感がした」と話しました。ナディラは言います。
　「赤ちゃんに何という言葉を使うのでしょう。ラハンは人であって，物ではないの
　に」。
　　　　　　　　　　　　　　　　　　　　　　　観察21（8カ月と3週間）

　彼女ら里親家族に養親の候補となった二つの家庭のことが伝えられたと
き，ラハンは生後9カ月でした。混乱した感じが漂います。ナディラがラハ
ンに食事を与えると，早過ぎて吐いてしまいました。

　私はケマルについていくと，階段の途中で立ち止まりました。寝室のカーテン
が引かれているのが見えて，ダアミンとナディラが静かに話しているのが聞こえ
てきたからです。私が「こんにちは」と言うと，ナディラがラハンと一緒に寝室
から出てきました。ナディラは階段の踊り場に座り，彼女が聞いた，ラハンが養
子縁組をする可能性のある家族の話をしてくれます。階段を半分ほど上ったとこ
ろに立っている私は，どこに身を置いていいのかわからなくなってしまいました。
　ラハンは，うとうとしてぼうっとなっていた状態からしっかり目を覚まし，私
と一緒に「いないいないばぁ」遊びを始めました。階段の手すりのあいだから覗
きっこするのです。しばらくするとナディラはラハンを膝の上に乗せ，階段の上
にある鏡を一緒に見ました。ラハンは一緒に映った2人の姿にじっと見入りまし
た。

その後，ナディラはとても早いペースでラハンの口に食べ物を運び，それと同時に，手鏡やタイマーや時計など小さな金属製のものをつぎつぎと与えました。ラハンはそれらを瞬時に落としてしまいます。……ナディラはラハンにスプーンで水を飲ませますが，彼は突然かんしゃくを起こしました。タイマーを激しく床に投げつけ，咳き込み，叫び声を上げ，嘔吐しました。

　ケマルは「どうしたの？」と聞きます。ナディラは，ラハンは動揺しているのだと言いました。「あまりにもたくさんことが起きすぎたのよ」。ナディラはラハンをなだめて顔を拭いてあげながら，「早すぎたわね」とつぶやきました。

観察 26（10 カ月）

　このとき，予定していた観察が 1 回流れてしまいました。私が訪問すると家には誰もおらず，ナディラは珍しく私の留守番電話のメッセージに折り返してくれませんでした。ナディラがラハンに二度と会えないかもしれないと思いながら生活することを余儀なくされていたのと同じように，私は観察が突然終了するのではないかと心配になりました。もう一度電話すると押しつけがましくなってしまうかもしれず，はばかられたのですが，電話をかけてみるとナディラはとても友好的に次の訪問をアレンジしてくれました。ナディラが言うには，いくつもの会議があって，前に候補に挙がった家族は候補から外され，ソーシャルワーカーがラハンのための新しい養親を探しているとのことでした。

　寝返りを打ったりハイハイできるようになるまでに何週間もかかっていたラハンは，今ではがっしりした筋肉質な足で自信をもって立っており，まもなく最初の一歩を踏み出そうとしています。ナディラの子どもたちは，ラハンはもう，つなぎ服を着るには大きくなりすぎていると言います。生後 10 カ月になると，ナディラはラハンに初めて小さな男の子用の服を着せました。ラハンは快適そうで，より「存在の輪郭」がはっきりとします。しかしショッピングセンターでラハンの小さな上着がなくなってしまうと，ナディラはうろたえてパニック状態になりました。

片手や両手で自信満々に丸イスにつかまり立ちしながら，丸イスから体を反らせてティータオル[18] に手を伸ばしたり，私の方を見てはまた目をそらせたり，声を出したり，輝くような笑顔やいたずらっぽい笑顔で私たちの注意を引きつけたりするラハンの絶え間ない活動や動きを見ていると，くるくると表情を変えながら手足を振っていたあの小さな赤ちゃんを思い出します。

　私はナディラに，ラハンが出しているあらゆる音についてコメントしました。ナディラは，子どもたちがラハンに「ルーラルーラルー」などと新しい音を教えているのだと教えてくれます。私はラハンが声を出し始めた頃に頭に浮かんだ空想，すなわち，ラハンが最初に発する言葉が実親家族の言語なのではないかという空想を思い出しました。

　ラハンは今日で生後 10 カ月です。ナディラは，ラハンは最初の誕生日を自分たちと一緒に過ごすことになると思っていると言いました。ラハンが立っている姿を見ながら，ナディラは彼がハイハイをするまでにどれだけの時間がかかったかを私に思い出させ，立ち上がるのはいきなりできるようになった気がすると言いました。ナディラはラハンに言います。「ジェニファーはあなたがハイハイし始めるところを見ていたわ。今度はあなたが歩き始めるところを見ることになるのよ」。

観察 26（10 カ月）

　ナディラはラハンのために「あのとき」と「今」をつなぎ，ラハンが私とつながるのを助けてくれました。その一方で，私はこの頃，ラハンの担当ソーシャルワーカーたちとつながることに難しさを感じていました。観察が，基本的にはソーシャルワーカーたちに支持されていることは理解していましたが，電話をしたりメールを送ったりしても，なかなか自分の話を聞いてもらえている気がしなかったのです。話を聞いてもらうのに，そして専門家チームといつどのように連携をしたらいいのかという問題を解決するのに苦労していました。ソーシャルワーカーの交代が 2 回あり，新しいワーカーがラハンのことをどれだけ知っていて，私の役割について何を理解している

---

[18] 18 世紀の英国で生まれたリネン素材の大きめのキッチンクロス。

のかよくわかりませんでした。

　　今回の観察は，代替養育を受けている子どもの審査会議と重なるように調整されています。ナディラのスーパーバイズ・ソーシャルワーカーは出席せず，ラハンの担当ソーシャルワーカーは学生のソーシャルワーカーと交代していました。彼女のファーストネームは，たまたまラハンとほぼ同じです。驚いたことに私は，これはもしかしたら2人のあいだに何らかのつながりがあるということなのかもしれない，と期待している自分に気づきました。　　　　　　　　　観察29（11カ月）

　審査をスーパーバイズする独立審査官は地方自治体を代表して，これまでナディラがラハンの面倒を見てきてくれたことに謝意を表しました。

　　養子縁組する可能性のある二つの家族について話し合っているあいだ，ラハンは何度も後ろ向きに体を投げ出してカーペットの上に着地します。半べそをかいたりうめいたりしながら，まるで誰が自分をつかまえるのかを確かめるかのように周りを見回しながら，何度も何度もそれを繰り返します。この「誰が自分をつかまえるか」という遊びがあまりにも意図的に行われていることに，私は愕然としました。　　　　　　　　　　　　　　　　　　　　　　　観察29（11カ月）

　繰り返し後ろ向きに体を向けながら，ラハンは自分の背後で何が起こっているのかという最大の関心事を行動に表しているように見えました。このことから伝わってくる，誰がラハンを抱き抱えるのかという疑問は，私には堪らなく痛切に感じられました。私はスーパーバイザーと一緒に，ラハンの意識について，そしてラハンの暫定的な立場のようなものが本人にどのように伝わった可能性があるのかについて考えていました。
　夏が来ると，内側と外側との調整のための移行が見事に行われました。

　　ラハンはディナと一緒に，ナディラが玄関前を囲うように置いた柵越しに外を見ながら立っていました。青い半ズボンとTシャツに身を包んだ彼は，快適そう

でたくましく見えます。ラハンは隣の家の子どもたちが走り回っている家の前の路地を覗き込んでいます。ナディラは子どもたちに，「柵を動かさないように，そうでないとラハンが外に出てしまうから」と言いました。

観察 32（11 カ月と 3 週間）

　ナディラはラハンが自由に歩き回ることができるように，周りを囲まれた安全な中間的な移行空間を作りました。しかし私は，ラハンが虚ろな目をして部屋から部屋へと徘徊したり，何かに心を奪われているような状態で座っていたりするのを時々見かけました。

　　ラハンは居間で走り回っています。その後，遠くを見るような目つきで放心状態で座りました。私はラハンと長く目を合わせ続けることができませんでした。その日の観察のあいだずっと，ラハンにもナディラにも本当には会っていない感じがしていました。

観察 34（12 カ月と 1 週間）

　ナディラは自分が出席する計画会議を「とっても重い」と表現していました。私は，ラハンの担当ソーシャルワーカーに，私が養母と会う可能性を模索しようにも「スケジュールがつまりすぎている」ので，新しい家でラハンを観察し続けることはできないだろうと言われました。ナディラはこのことを残念がっていました。彼女はラハンが新しい家でも私の訪問を受けるという連続性をもつことを望んでいたのです。ナディラ自身，養子縁組の後もラハンに会えるのかどうかについては何も知らされていませんでした。ラハンのふらふらと歩き回るのと引きこもりは，ナディラが心のなかでラハンを手放す練習をしていることに対する彼の反応なのではないか，と私はスーパーバイザーと一緒に考えました。ナディラと娘のディナがラハンにつかまえてもらおうとシャボン玉を吹くと，彼は座ったまま，放心状態でシャボン玉が飛んでいくのを見ていました。私も自分が遠く離れているように感じていました。ラハンのこともナディラのこともソーシャルワーク・チームのことも，なかなか見つけられないように思えて，気づくと引きこもって時間の感

覚を失っていました。

　ラハンはナディラの足にしがみつきます。その後，ナディラは玄関ホールの小さな丸イスに座り，ラハンを膝の上に乗せました。ナディラは，外は暑いけれどここは涼しくて風通しのいい素敵な場所だと私に言いました。ラハンは膝の上で心地良さそうにナディラに寄りかかり，ナディラは腕をラハンに固く巻きつけています。ナディラはラハンをしっかりと抱きしめ，2人とも静かにじっとしていました。

　ディナは翌週のラハンの誕生日のことをナディラに話していました。ラハンは，前の週にケマルが指摘していた新しい動きでナディラの膝から滑り降ります。ラハンは路地にいる子どもたちの様子を見に行きました。

　ディナはシャボン玉を吹き，それらをつかまえるようラハンに声をかけますが，ほとんどの場合，彼はシャボン玉が壊れて消えていくのを集中して見ています。ナディラは，ラハンがつかまえやすいように玄関ホールのなかでシャボン玉を吹きました。ラハンは不思議そうに私を見ます。私たち皆が，ラハンが目の前から消えてしまうときが間近に迫っていることを考えて，頭がいっぱいになっているように感じました。

　台所でナディラがラハンの足を洗い，次に手の平にすくった水でラハンの顔を洗います。彼女はラハンの髪を後ろになでつけました。髪をぺったんこにしたラハンは，より少年らしく年長に見えます。ラハンは，ナディラの手の動きに続いて自分の顔をぬぐいました。彼はすっきりした顔をしています。私が「素敵でかっこいいね」と言うと，ラハンは満面の笑みを浮かべました。ナディラは最初にミルク，次に水のボトルをラハンに差し出しました。ラハンはそれぞれから一口ずつ飲むと，断固として押しのけました。

　しばらくするとラハンはすべって尻もちをつき，食器棚にもたれて床に座りました。ナディラは，強い日射しを遮るためにカーテンが引かれた2階の寝室にラハンを連れて行きました。ナディラはラハンをベビーベッドに入れ，子どもたちは交代でラハンと遊びます。ディナはベビーベッドに登り，ラハンと一緒に「この子ブタちゃん（This little piggy）」[19] をして遊びました。

ラハンはケマルの髪をつかんで強く引っ張ります。ケマルはたじろぎましたが，笑顔で受け入れました。ナディラは私に，ラハンは今日，保育所で他の子どもたちと一緒に，こんなことをしていたのだと言います。ラハンはベビーベッドから身を乗り出し，目ざまし時計をベッドサイドテーブルの上から押して落としました。ディナは，ラハンが目ざまし時計を壊すかもしれないと母親に文句を言います。ナディラは，それは子どもたちが全員小さい頃に遊んだ古い時計だから，今さら壊れることはないと思うと応えました。　　　観察32（11カ月と3週間）

ラハンが養母に会う直前に行われた一連の観察は，私にとって考えたり思い出したりするのが難しいものです。私たちは，ラハンが里親のもとを去るときは，里親家庭にやって来たときと同じように唐突なものになるかもしれないという可能性に直面していました。数カ月前，ナディラがラハンと「いないいないばぁ」遊びをできるようになったときには，ラハンがこの家族のもとにやって来た後には必ず去っていくのだという現実をナディラがある程度理解し，受け入れる助けになっているように思えました。今，その現実が差し迫っているという重苦しい感じに包まれているなかで，里母と子どもが，お互いにまだ親密な時間を過ごすことが可能な，調節された隠れ家に避難することができていたように思えました。

ラハンは顔をアヒルのおもちゃの方に向け，片方の手をその上に載せて，仰向けで熟睡していました。彼はまったく動かず，静かに呼吸しています。ナディラが様子を見に来て，ラハンが寝ているあいだ，17歳の姪と一緒に作っている料理について私に話しました。ラハンは寝ながらもぞもぞ動き体をよじらせますが，目は覚ましません。ラハンは左手の親指を口に入れました。

ナディラが部屋を出るとラハンの両手はゆっくりと動き，左手の指が扇状に広がり，開いたり閉じたりを繰り返しました。親指がゆっくりと口から外れていきます。呼吸は止まることなく続いています。ラハンは右手をかすかに開いたり閉

---

*[19] マザーグースの指遊び歌。

じたりし，次に左手も同様に動かしました。これを見ていて，数カ月前にラハンが手を握りしめたり開いたりしていたのを思い出しました。

　ラハンが眠っているとき，ナディラは，ラハンはここで子どもたちと一緒に過ごした後でどうやって静かな家でうまくやっていくのだろうかと考えています。ナディラは言いました。「私たちの心の一部がもぎ取られて，ラハンと一緒に去ってしまうのです。私たちは皆，ラハンがいないことを寂しく思うでしょう。私はラハンがいなくなったら寂しくなります」。誰かがドアをノックする音が聞こえ，私は咄嗟に，ラハンを今すぐ連れ去るために誰かが来たのだと思って心の準備をしました。

　ナディラはラハンのノートに貼るために私の写真を撮るつもりだと言い，私からの誕生日プレゼントも一緒に持って行かせるつもりだと言いました。ナディラは，毎週木曜日に会いに来ていたジェニファーが誰なのかをラハンは知る必要があると言います。

　ラハンは私が別れを告げると顔を背け，私が出ていくときには私をぼんやりと見つめていました。　　　　　　　　　　　　　　　　　　　観察 33（12 カ月）

　次の観察では，ナディラとダアミンの長男サリムが，さまざまなパーツから三輪車を根気よく組み立てていました。私は玄関ホールにある荷箱に興味津々で，自分がナディラに渡したラハンへのプレゼントが見当たらないことに激しく失望しており，三輪車が組み立てられるのが非常に待ち遠しいことに気づきました。

　ラハンは居間を走り回っています。ピンクのふわふわした杖を私に向けながら私の方にやって来たかと思うと，進む方向を変えて私のそばを走りぬけていきます。

　ナディラがラハンを持ち上げて三輪車のシートに座らせると，彼は遠くを見るような目つきで少し放心状態で座っていました。ラハンの足はペダルに届かず，しばらくしてナディラがラハンを持ち上げて三輪車から降ろすと，ラハンは泣きじゃくって絶望的に叫びます。ナディラはラハンを抱きしめて慰めました。ナ

ディラはラハンに小さな葉っぱを見せて，もう一枚葉っぱを見つけてあげ，三輪車のシートの後ろに掛けられている小さなカゴに入れる方法を教えてあげました。ラハンはとても喜んで，すぐにこれに魅了されて夢中になりました。

　しばらくしてナディラが路地のレンガの壁に寄りかかっていると，ラハンが彼女の姿勢を真似します。そして路地の端に向かって歩き始め，その先の賑やかな道に面している鍵のかかった門のところまで行きました。ラハンは，あのほとんど放心したような顔つきで車が通り過ぎるのを見ています。ラハンは敷石の上を自信をもって歩いているように見えましたが，突然転んで顔面を強く打ちつけました。鼻血が出て，ナディラはこれは痛そうだと言います。ラハンは水を一気に飲み，ナディラは彼が横になれるように2階に連れて行きました。

観察 34（12 カ月と 1 週間）

　最後の観察を行った，あの暑い夏の日々のなかで，私はラハンに差し迫っていた喪失体験がどれほど深刻なものになるかを，ようやく本当に理解し始めた気がしていました。私が訪問しているあいだ，ラハンはよくディナやケマル，そして近所の子どもたちと外で過ごしていました。そうでないときはナディラと家の中にいました。

　ラハンは夢見るような表情で私を見ます。「ラハンは今，深い物思いにふけっているんです」とナディラが私に言います。ナディラはラハンに，「風に舞う葉っぱを見ているの？」と尋ねました。ラハンは男の子たちと路地を行ったり来たりします。男の子たちがラハンにボールを蹴ってあげると，彼は転がっていくボールを追いかけます。風が強くなってきました。風で髪の毛がくしゃくしゃになって，ラハンは目を細めます。両手を耳に当てて，それからお腹をさすります。ラハンは「ひゅーうぅうううう」と風の音を真似ました。ラハンは家の中と外を何度も行き来して，ナディラが掃除機をかけているのを見ていました。ナディラが掃除機をかけ終えると，ラハンは以前は怖がっていた掃除機の方に近づいて，それに触り，誇らしそうににっこり笑って私たちを見回しました。

　「あなたは勇気があるのね」とナディラがラハンに言い，彼を称賛しました。ラ

ハンは長くゆっくりと息を吐きながら「フゥゥゥヴァ」[20] と言い，私たちはラハンが発した言葉について口ぐちにコメントしました。ナディラがラハンに水の入ったカップを渡すと，彼はごくんごくんと水を飲み，私にカップを差し出しました。

　この移動について，そしてそれがラハンにとってどのようなものになるのかについて思いをめぐらせながら，ナディラはこう考えています。いつか，ラハンは実母や実父のことを考えるようになるでしょう。でもそれはもっと大きくなってからのこと。ちょうど今はナディラが母親のようなもので，ラハンにとって，今このときの母親といえばナディラと養母のことなのです。ナディラは言います。「私たちはずっとそのときについて考えてきたし，そのときが来ることはわかっていました。でも今，こう思うのです。『そのときは今なんだ』って」。

観察 35（12 カ月と 2 週間）

　最後から 2 番目の観察では，ラハンの遊びは真剣さを帯びていました。こっちに来たりあっちに行ったりして，それはまるで私が里親家庭を訪ねたり帰ったりするリズムを反映しているかのように思えました。ラハンのこの遊びは，統合されている状態とあまりまとまっていない状態，あるいはつながりが強い状態と弱い状態のあいだで揺れ動く能力をも表現しているように思えました。私は，これはラハンがナディラとお別れして養母との新しい生活に移行していくあいだ，彼を支えるのに役立つだろうと思いました。

　ラハンは私とゆっくり「いないいないばぁ」遊びをします。真剣さと探究心が感じられます。ラハンはアヒルのおもちゃを私のところに持ってきて私をじっと見つめ，それを私にくれたり，また取り返したりを何度も繰り返します。そして，それを床に放り投げたかと思うと拾い上げ，両腕で抱きしめて顔をうずめました。

観察 36（12 カ月と 3 週間）

---

[20] 英国では掃除機は「フーヴァー（Hoover）」と呼ばれる。

この訪問の後，ラハンと養母が引き合わされて里親家庭で一緒に過ごす期間が4日間に短縮されたこと，そして養母がひとりでラハンを自宅に連れて帰る計画になっていることを知りました。その理由は，その日に同行できるソーシャルワーカーがいなかったからだといいます。ナディラは，できればラハンのことをよく知っている17歳の姪も連れて同行したいと申し出ましたが，それは許されないと言われたのだと私に話してくれました。私は，機会を設けてソーシャルワークのマネージャーたちと自分の観察結果を共有し，ラハンと里母の関係がとても親密であることや，突然の分離に対するラハンの強い感覚的敏感性について一緒に振り返りました。1歳1カ月になったラハンはしっかりとした体格で，血色がよく生き生きとしています。しかし里母の注目を得られないと，内にこもって深く苦しむラハンの姿も私は知っていました。生きた観察経験に基づく私の言葉に，ラハンの担当ソーシャルワーカーたちは何かを感じてくれたようでした。彼らはラハンがもっと統合的な移行，そして里親家庭と養親家庭のあいだのより多くの連続性を必要としているのだと納得してくれました。ナディラはラハンの引越しの日に同行して，翌日は彼が落ち着くことができるように一緒にいてほしいと依頼されました。

　今日は暑くてよく晴れています。ラハンはオムツにTシャツ姿で快適そうです。彼はホールに置いてある靴を指さし，「くつ」と言いました。ラハンはいろんなものを指したり触ったりするのに使っている，先に赤い玉のついた長い木の棒で遊びます。そしてディナを膝に乗せて座っているナディラのそばに立ち，すすり泣きました。ナディラはディナに膝から降りるように言って，ラハンを膝に乗せました。ラハンはナディラにぴったりとくっついて，気持ち良さそうに抱かれています。ナディラはラハンにイチゴを食べさせました。ラハンは喜びに輝いて，ナディラの顔を覗き込みます。ナディラはラハンにキスをしました。
　ディナとナディラは，サリムの携帯電話を使って私の膝に乗っているラハンの写真を撮りました。彼女たちはラハンのお気に入りだという歌を携帯電話で流します。ラハンは私の膝に座って，その歌を何度か繰り返し聴きました。

その後，ラハンは男の子たちと路地で遊びました。ラハンは何度か自分の柔らかい靴につまずいて転びました。そのたびに手と腕で自分の体をしっかりと支え，頭を上げて転倒の衝撃を和らげます。男の子たちは，「ラハンは怪我をしない転び方を知っているんだよ」とコメントしました。　　　　　　　　　　観察 37（13 カ月）

その後

ラハンの移動後に初めてナディラを訪問したとき，ナディラと娘のディナは，それぞれラハンについての夢を語ってくれました。ナディラは，ラハンが養母と一緒にいて安心できるように，どれだけ養母とつながるための努力をしたかを話してくれました。ディナは，ラハンのために作った携帯電話を見せてくれました。それには里親家族のメンバーそれぞれのシンボルが入っていて，真ん中にはラハンと養母のために太陽と月が描かれていました。

それから 2 カ月半後，彼女ら里親家族が養親家族に招かれて新しい家にラハンを訪ねたと聞きました。里親家族が，その後もラハンに会えるのかどうかナディラにはわかりませんでしたが，4 カ月後に彼女と再会したとき，養親家族と里親家族のあいだに親密さが増しているのを知り，私はほっとしたのと同時に勇気づけられたのでした。

第**4**章

研究からの学び

　私がラハンとその里親家族，そしてラハンの担当ソーシャルワーカーたち
と一緒に行った単一事例研究では，養子縁組に移るまでのあいだ，乳児とそ
の里親の治療的観察を行うことが可能だということが示されました。週に一
度の観察訪問は，里親家族とソーシャルワーク・ネットワークに受け入れら
れました。里親は私を快く家に迎え入れ，自分の観察結果を共有し，私に発
達の様子を知らせてくれました。彼女は私が定期的に訪問することで子ども
を身近に感じ，里親としての役割を果たす上で支えになっていると言ってく
れ，ラハンが移動した後も彼女と連絡を取り続けることができました。週に
一度の訪問では，里親と子どもが共に歩む道のりの激しさを体験し，永遠の
別れが予想される場合に，それぞれの発達段階で起こる心の動揺の一部を理
解することができました。

　この研究によって，学びが必要な多くの領域があることがわかりました。
養親家族に会うことも新しい家でラハンの観察を続けることもできなかった
という残念な結果は，養子縁組に移行する幼い子どもたちのために，臨床家
と臨床チームが，最初から積極的にできる限りの連続性を主張する必要があ
ることを浮き彫りにしました。ソーシャルワーク・ネットワークとの連携の
程度に揺らぎはありましたが，私は観察結果に基づいて養子縁組への移行の
計画に貢献することができました。地方自治体のフォスタリングサービスと
ソーシャルワーク・チームは，研究から得られた知見をどのように実践や研
修に役立てることができるかについてオープンに議論していました。この研

究が周知された後は，乳幼児とその里親に対する支援の紹介や，社会的養護のもとにいる乳幼児のニーズに関連したトレーニングの要請が増えました。

　ラハンの状況は，養育手続きがなく，養子縁組に移行する前にナディラ以外の里親へ委託するための移動をすることもなく，実親家族との交流もないという珍しいものでした。そのため他の多くの社会的養護のもとにいる乳児たちの状況とは大きく異なっていましたが，この研究を行うことで，移行期にある乳児の経験の普遍的な要素をより深く理解することができました。私は人生の最早期における移行や変化がもたらす途方もなく大きな影響を，もっと意識するようになりました。そして，その子どもが行ってしまうと知りながら，そしてその後は二度と会えないかもしれないという状況のなかで成長していく乳児に対し，自分の感じる心（heart）と考える心（mind）の中に居場所を提供する里親や里親家族の情緒的なしんぼう強さにも気づかされました。また里親が，どの程度手を差し伸べ，どの程度身を引くべきかを常に判断しながら，実親と養親のあいだの橋渡し役を務めるという非常に複雑な仕事をしていることも，より深く理解することができたのでした。

　社会的養護のもとにいる子どもたちに提供されている「社会的共同養育」を経験するとはどういうことなのか，より多くのことを学びました。ラハンとナディラは，ラハンが病院から連れてこられることになった状況のなかで唐突に引き合わされましたが，その直後には「**彼はあなたのものではないことを忘れないで**」というメッセージで2人を引き裂こうとする考えが示されたように見えました。ラハンの到着の唐突さは，里母の心のなかで繰り返し思い巡らされた，「**彼はいつ行ってしまってもおかしくない**」という考えによって増幅されたようでした。養子縁組への移動が，ラハンが実母のもとから里母のもとへ突然仲介なしに移動したときの繰り返しとなってしまうリスクは，親密さが暴力のリスクと結びついていた実親家庭の問題のある関係性の影響を反映していた可能性があります。また，ラハンの実母の安全について不安があったために，ラハンの経験とニーズに焦点を合わせ続けることが難しくなり，彼が養子縁組する家庭を決定するのに時間がかかってしまったのかもしれません。

移行についての理解を深める

　里親家族にとってはっきりと決まらない期間が長く続き，時間が一時停止しているかのような時期を何度か経た後にラハンの養子縁組が決定すると，事態は急速に進展していくように思えました。導入期間の短縮は，第1章で述べた里親養育から養子縁組への移動に関する研究の結果と一致しています。すなわち，子どもの新しい生活に対する興奮や不安や希望が，里親との関係性の重要性を覆い隠してしまう傾向があるのです。ナディラと里親家族は，自分たちからの分離に関してラハンをどのように支援したらいいのか，それが自分たちにどのような影響を与えるのか，そしてラハンとの関係性を継続できるのかがわからないという不確かさに，自分たちで対処しなければなりませんでした。里親養育という情緒的な仕事には，迷子，あるいは望まれない子どもという運命に曝されないように，保護し緩衝材となる「家族のエンベロープ」を提供することも含まれていました。ナディラが，ラハンの実母とのつながりの断絶や養親のもとへの移動を仲介する任務を引き受けることができたので，ラハンはより統合された何かを取り入れることができました。

　ラハンの担当ソーシャルワーカーの交代が何回かありました。観察者としての自分の役割を果たしていくなかで，新しいソーシャルワーカーが配置されるたびに，ソーシャルワーク・ネットワークとのコミュニケーションを維持しにくくなっていくことに気づきました。観察から経験的に学んだことに基づき，私は自分から根気よくネットワークに連絡をとり，ネットワークとのつながりを維持する意欲をもち続けました。ラハンの周りの大人たちがひとつになることができたときに，彼にとって物事がどれだけ変わったかをナディラから聞いており，また自分自身でもそれを目にし，感じていました。私は経験に基づき，コンテインされてまとまりのある専門家ネットワークがいかにラハンが里親とつながり，自分自身とつながる際の助けになったかを伝えることができました。これらはラハンの発達にとって重要な知見であ

り，専門家たちはこうした知見を養子縁組への移動を計画する際に考慮に入れるようになりました。

　今回の観察は，移行期の赤ちゃんにとって遊びや遊び心をもつことがどれほど重要なものであるかがわかる，多くの機会を与えてくれました。遊びや遊び心は，ラハンに対しても里親家族に対しても混乱の衝撃を和らげ，喜びを共有して，予期されていた分離のつらさを忘れるひとときをもたらしてくれたのです。里親と子どもの関係が暫定的なものであることから，遊ぶ能力が損なわれているように思えるときに，恐怖や悲しみといったつらい感情を取り込み吸収することもまた，治療的観察者の役割のひとつでした。観察者とのこの情緒的なコミュニケーションによって，ナディラとラハンにとって何かが解放されて，遊びが促進されたように見えたこともありました。重要な変化は，ナディラがラハンと一緒に「いないいないばぁ」遊びができるようになったときに起きました。ナディラが認識していたように，「いないいないばぁ」は分離を実験的に体験し，探索することを可能にする遊びで，乳児にある程度の主体性を与え，分離を予測して，それにうまく対処する能力を育むのに役立ちます。このとき私は，里親養育という一時的な関係性のなかで，通常の子育ての側面が微妙に阻害されている可能性があることに気づかされたのでした。

　最後から2番目の観察では，ラハンの遊びは深い真剣さを帯びていました。ラハンは生後4カ月のときに与えられたアヒルのおもちゃを使って，里親家庭に私が出たり入ったりするリズムを反映しているかのような出入りを演じていました。最後の観察の後はもうラハンに会えないことを知っていた私にとって，このような深い思いが込められた遊びは，ラハンの記憶する能力や象徴化する能力を示しているように思えました。このような能力を目の当たりにして，これはきっとナディラとの分離や養母との新しい生活の始まりのときにラハンの助けになるだろうと思い，励まされたのでした。

治療的観察者の役割

　私の役割の重要な側面のひとつは，ナディラとラハンと一緒に旅をする仲間になることでした。ロード（Rhode, 2007）が強調しているように，治療的観察者の仕事には，はかない一瞬の感覚からはっきりとしたインパクトに至るまで，あらゆる印象を受け取って吸収することが含まれます。まだ完全には意識化されていなかった出来事や感情や思考が，観察時間中に生々しく強烈なものとして経験されました。これらの強烈な体験と，第1章で述べた早産児研究で報告されている体験とのあいだに，類似性が見えてきました。ラハンを，彼が一番孤立して寄る辺がなかったときに醜いと思ってしまったことに，私は罪悪感を覚えました。逃げ出したいときもあれば，見てはいけないという暗黙のプレッシャーを感じるときもありました。ラハンと里母とのあいだに親密さが増していくのを目の当たりにするにつれ，そして，2人の経験の本質を情緒的に知り理解できる者として2人のそばに自分の居場所を見つけていくにつれて，ラハンは美しい赤ちゃんになっていき，ナディラとラハンとの関係性は美しいものとして目に映るようになっていきました。

　ロードはまた，観察者が，観察対象の子どもだけでなく家族のメンバーのことも順番に同一視することによって，その子どもが成長していく家庭の状況を経験的に理解するという，もうひとつの方法についても述べています。社会的養護のもとにいる子どもの治療的観察者には，観察対象となる子どもだけでなく，里親家族のメンバーやソーシャルワーカーたちを同一視する機会が何度も訪れます。ラハンの養子縁組の計画が形になりつつあった時期に私が経験した，「自分の意見を言い出すことさえ難しい」状態は，ラハンの親の役割を果たしていながらラハンの将来について何の決定権ももたない里親と自分とを同一視していたのかもしれません。あるいはまた，養子縁組が近づくにつれて，ラハンが連続性を必要としていることや，彼の主な養育者へのアタッチメントを頭から消えさせられてしまうように見えた彼と自分を，同一視していたのかもしれません。同時に私は，ソーシャルワーカーた

ちが抱え込んでいた心配や不安も心に抱えていました。治療的観察者としての自分の役割の一環として，里親委託の最終段階で自分の考えや感情を表明したとき，私はラハンが里親家庭で受けてきた養育を支持し，彼の発達に決定的に重要だとわかった「つながり続けること」を擁護していました。観察から得られた詳細な情報は，養子縁組への移行に取り組むためのさまざまな方法について，異なる専門家たちがそれぞれの視点から自分たちの見解に固執して衝突する可能性があったにもかかわらず，ラハンの心の状態やニーズにしっかりと目を向けるのに役立ったように思います。観察的な視点は，「クリーンブレイク」という考え方から，移動するときに周りの大人たちが連携することが最もラハンの支えになるのだ，という考え方へとシフトするのに役立ちました。このことは，第1章で報告された，治療的観察者が親や専門家たちに受け入れられるような仕事の仕方を見出すのに，赤ちゃんが何を経験しているのかに焦点を当てることが役に立つという，医学的状況での治療的観察で得られた知見と一致していました。

テ　ー　マ

　観察記録を分析するために私が用いたグラウンデッド・セオリー法では，治療的観察モデルの詳細な記述に適した一行ごとの分析を行います。データを分析する際には，理論的な視点にとらわれないように気をつけていましたが，特定されたテーマは社会的養護のもとにいる子どもたちについての研究や臨床の中心的領域を反映していました。第1章で論じたアタッチメントの混乱による断片化の影響は，観察の全期間を通して中心的なテーマでした（Wakelyn, 2011）。

　データ分析の第一段階では，「一体となることと，バラバラになること」が中心的なテーマだということが明らかになりました。資料をさらに詳細に調べると，ラハンとナディラのあいだで，そして専門家ネットワークの力動のなかで観察された，4種類のはっきりと異なる，一体となることと，バラバラになることの方法を特定することができました。またいくつかの異なる

時期に，私自身の情緒的な反応のなかにも，これらの4種類の機能の仕方を認識することができました。これらの4種類の一体となることと，バラバラになることは，それぞれはっきりと異なる機能のモードを表しているように見えました。私はそれらを以下のような比喩によって表現しました。マトリックス（母体），トルネード（竜巻），マシン（機械），そしてリンボ（辺獄）です。

マトリックス（母体）

　私の最初の訪問は，「一体となること」というテーマの絶好の実例となりました。あの日，私がラハンに対して抱いた「まだなんとなく心の距離を感じる寄る辺のない赤ちゃん」という印象は，ナディラがラハンと初めて出会ったときのことを声に出して振り返ったときに変化しました。その後，2人がお互いを発見したように見えたとき，ラハン自身がよりしっかりとまとまり，統合されました。これはマトリックス機能の一例です。つまり，人がつながっていると感じたり，コンテインされていると感じたりするのに役立つと思われ，またつらいことや悲しいこと，予期せぬことがあっても感情と思考を結びつけることができる調整された形で一体となることです。私はラハンの担当ソーシャルワーカーが，ラハンにとって重要な関係性の布置をしっかりと心に留めていたことに感動していました。これによって，ラハンと実母が離れ離れになった後も，実母との関係性に意味があるという認識が維持されているように見えました。また，生後13カ月になったラハンが新しい家庭に移るときがやってきたときに，ソーシャルワーク・チームがひとつになり，関係性の連続をサポートすることができたことも印象的でした。観察のあいだ現れては消えたマトリックス機能のもうひとつの側面は，私の思考能力や，頭のなかで現在と過去と未来を結びつける能力の変動に見られました。もうひとつ例を挙げると，最後から2番目の観察訪問でのラハンの遊びは，深い真剣さと遊び心を併せもっているように見えました。この遊びが示しているように思われる記憶し象徴化する能力は，第1章で論じた，外的な不連続性を経験している子どもたちにとっての保護要因である内的連続

性がもつ側面です。

　この研究では，マトリックスの力動が里親と乳児が互いに調律するのを助けたのと同時に，専門家チームの作業集団の力動[*21]を支え，ラハンのニーズに焦点を当てることを可能にしたことが示唆されました（Bion, 1961, 1970）。マトリックス機能には統合が含まれ，内的生命と人格を養うために，外的環境からさまざまなものを取り込みます。マトリックスはまた，学習や発達が可能な心の状態として，経験から学び，仕事を通して専門家たちの成長を促進しようとする研究プロジェクトの試みも含んでいます。

トルネード（竜巻）

　「トルネード（竜巻）」の比喩は，強い力に押し潰されて細々になってしまう感覚を覚えるような圧倒的な経験を表しています。一体になることやバラバラになることがこうした形で起こるとき，感情は生々しく，極端なものになります。このようなモードでは，断片化された調整不全の心の状態が子どもの情緒的な現実に触れることを妨げます。

　ラハンが病院のドアの前で，仲介なしに里親と唐突に「一体となる」ことはトルネード機能の一例です。この出来事はソーシャルワーカーや病院の看護師たちにとって，隠されていた妊娠やラハンが生まれた日に突然母親を失うことに関する未消化で恐ろしい何かと呼応し，それを再現しているように思えました。

　このモードはショックに似ています。時間や順序の感覚がほとんどなく，別れや再会は突然で，準備不足で，予測不可能です。思考と感情をまとめることは難しく感じられます。最初の観察の後，まとめることのできない断片的に感じられた経験の影響によって，私がすっかり消耗し疲弊していたことは注目すべき例でしょう。

[*21]「作業集団」とは，ビオンの集団精神分析論における中核的概念で，現実の課題を直視して取り組もうとする，集団の意識的領域を指す。

マシン（機械）

　一体となることとバラバラになることのマシン（機械）モードは，分離／解離によって特徴づけられます。思考が感情から切り離されているため，情緒的な現実との接触が失われています。私たちは皆，時にはある程度，自分自身を状況から切り離さなければならないことがあります。社会的養護のもとにいる子どもたちと関わる仕事では，喪失や破綻の痛みはひとりの人間が常に心に抱えておくにはあまりに大きすぎるのです。しかし心のマシン状態は，マトリックス機能で見られるような調節された撤退や，他の人たちがその仕事を共に担ってくれるという認識の代わりに，人間の核をもたない極端にシニカルで機械的な思考を表しています。喪失体験の影響は意識から追い出されてしまいます。人は物として扱われ，ある人は他の人と交換可能な存在としてみなされます。このような状態で想像力を働かせて共感することは困難です。

　マイエロ（Maiello, 2007）によると，観察的介入の目的のひとつはコンテイナーの父性的側面と母性的側面の統合を促進することです。マシンモードでは，養育の父性的側面と母性的側面のあいだの深い溝がソーシャルワーカーと里親のあいだの分裂にはっきりと表れていました。父性機能のひとつの側面である意思決定はソーシャルワーカーが担い，注目や受容性や情緒性といった母性機能は里親が担っていました。里親という立場は，ラハンとの情緒的つながりは最大である一方で，代理権やラハンに関して意思決定する権限は最小であるというものです。里親は，代理権や意思決定権のない役割への格下げを受け入れざるを得ませんでした。ナディラは3人の子どもをもつ経験豊富な母親でありながら，ラハンの沐浴方法やラハンをプレイグループに連れていくタイミング，ラハンにとって安全なおもちゃは何かといったことについて指導されており，ラハンを家族旅行に連れていくことは許されていませんでした。

　養子縁組へ移動する時期になると，ラハンはすぐに里親家族のことを忘れてしまうだろうし，ナディラは新しい赤ちゃんの世話で気がまぎれるだろう

との考えから，マシン機能モードが特に強力に作動しているように見えました。喪失体験が否定され，個別的で唯一無二の親密な関係の重要性が否定されることで，もの悲しく憂鬱な感情が蔓延するように思われました。

リンボ（辺獄）

　一体となることとバラバラになることの第四のモードであるリンボ（辺獄）では，暫定的で一時的な人間関係や状況があまりにも長く続くために，発達は棚上げされています。里親家庭での養育がもつ一時的なものであることは，発達を促す「いないいないばぁ」遊びのことをナディラがすっかり忘れていたことと関連しているように思われました。リンボ状態は，観察の中期に特に顕著に見られ，養親探しが続いているあいだ，里親家族の普段の生活は保留されているようでした。現実は一時停止し，遠ざけられているように見えました。

　　　夜と昼の区別は曖昧で，ナディラとラハンは融合しているように見えます……

　リンボでは，情緒的現実との接触の喪失が，生き生きとした状態の一時停止という形で起こります。これにより発達のリズムは曖昧になり，過去と現在と未来は混じり合い，フィルプス（Philps, 2003）が境界性精神疾患の特徴だとする非現実感が蔓延します。

トラウマの力動

　トルネード（竜巻），マシン（機械），そしてリンボ（辺獄）は，それぞれ，断片化し，孤立させ，鈍らせるというトラウマ体験の各側面を表しています。これらのモードは圧倒的なストレスからある程度保護してくれますが，その代償として，子どもの情緒的現実や自己の最も繊細な部分との接触ができなくなります。私の研究では，これらの機能が組み合わさると，組織はトラウマの力動によって動かされる可能性が高くなることが示唆されました。その兆候は調律不全と解離の悪循環であり，それによって苦痛と混乱が徐々

に増していくでしょう。

　私の経験から言えることは，治療的観察は，ひとりひとりの子どもの情緒的な経験やニーズに焦点を当てることで，このトラウマの力動に介入できる可能性を秘めているということです。このような方法はまた，養育者との親密な関係の重要性も強調し，それは悲嘆や喪失感なしには手放すことができないものです。大人たちが一丸となって子どもの情緒的現実を心に抱えることができると，マトリックス機能の集合的なコンテインによってこれらの感情は調整され，喪失体験や混乱が子どもに与える影響は緩和されます。

研究成果の普及とサービスの開発

　フィードバック会議やワークショップ，ソーシャルワーカーたちとの会話を通じて研究結果が広まることで，私たちは社会的養護のもとにいる乳幼児の紹介をより多く受けるようになりました。ソーシャルワーカーたちは，家族探しの際や乳幼児の委託に伴う移動を計画する際に，臨床家の意見をより頻繁に求めるようになりました。幼い子どもたちの移動に関わるすべての人びとの経験を検討し，そこから学ぶことに焦点を当てた研修ワークショップは，お互いから学び続け，社会的養護のもとにいる最も幼い子どもたちの経験について，共通の知識と理解を構築していく機会を提供しています。

第5章

臨床における治療的観察

社会的養護のもとにいる子どもたちのためのメンタルヘルス・サービスに携わる臨床家として，私たちは治療的観察が，特に早期のトラウマの影響，発達の障害，あるいは差し迫った移行が懸念される場合に，里親養育を受けている乳幼児に対する介入として有用であることを見出しました。このような介入の中心的な目的は，その子どものことをよりよく知り，その子どもにとって何がストレスとなりうるのか，どのような支援が最も有用であるかをより深く理解することです。また，里親と子どものあいだのより細やかな調律を促したり，発達の遅れや情緒・行動面の困難について理解を深めたりするなど，より具体的な目的がある場合もあります。観察訪問に加えて，専門家ネットワークと定期的にミーティングを行い，養育計画に貢献することもこの介入に含まれます。

治療的観察介入は多くの場合，オープンエンド[*22]で柔軟です。本章で紹介する介入の期間は4カ月〜2年と幅があります。このアプローチでは，決まった観察時間，訪問後の詳細な記録，そして臨床家の定期的なスーパービジョンという基本的な要件は遵守しつつ，訪問の頻度に関しては柔軟性があります。訪問の頻度は，懸念事項の深刻さや移動までに残されている時間を反映したものとなり，また，里親の関心の度合いや利用可能な資源にもよります。里親が子どもを実親との交流セッションや病院，発達相談などにも連

[*22] 期間についての制約がないこと。

れて行っている場合には，週に１度の観察に対応するのはしばしば困難です。２〜３週間に１度の訪問がより現実的であり，訪問と訪問のあいだに里親と電話で連絡をとることもあります。訪問の頻度が低くなれば，当然のことながら連続性の感覚を維持することは難しくなります。

臨床家の役割

　精神分析的乳幼児観察の事前トレーニングを受けることで，臨床家は治療的観察者の役割を担うことができます。この役割には臨床家の精神的エネルギーと献身が求められ，さらに，里親宅までの移動時間や訪問後の詳細な記録も必要となります。加えて，一貫性と信頼性も治療的観察の本質的な必須条件です。臨床家は子どもや里親，専門家ネットワークから強烈な投影を受けることを覚悟しなければなりません。臨床家はまた，安定していなければならず，スーパービジョンに支えられながらこれらの投影を受け止めて，もちこたえることに専心しなければなりません。スーパーバイザーは経験豊富な臨床家でなければなりません。スーパービジョンにおけるコンテインメントと理解は，臨床家が自分の役割に伴うプレッシャーや要求を理解し，観察した相互作用に対する自分の情緒的反応を探索することで，受容的で偏見をもたず好奇心をもち続けられるようサポートすることを目的としています。

　治療的観察は，子どもの発達の細やかな詳細や，社会的養護における生活の特徴である変化や混乱を経験的に理解することに根ざしているため，あらゆる年齢の子どもたちを対象とした臨床の仕事で役立つ，貴重な学習経験を提供してくれます。現在の状況では，長期的な介入やオープンエンドの介入の実施を訴えることは難しいかもしれません。本章で紹介している事例では，介入はすべてのメンタルヘルスの専門家に求められる継続的専門トレーニングの一環として提供されています。管理者は，子どもが人生早期に里親とのあいだで展開する関係性と密接なつながりをもたらす継続的な作業から学ぶことが，多職種チームにとって価値があると気づくことができるでしょう。深刻な状況や緊急事態に対応することが多いメンタルヘルス・チームに

とって，観察作業におけるゆっくりとした解明や瞬間ごとの相互作用の重要性への焦点は，今なお続くトラウマの影響と，発達に向かう生命追求の動因の強さの両方を思い出させてくれる貴重な機会をもたらしてくれるでしょう。このような焦点は，応答性と連続性という基本原則を繰り返し再発見する必要がある「家族のエンベロープを超えて」働いているチームにとって，とりわけ助けになるでしょう。また，乳児の人生の最早期や形成期について省察することによって，臨床家たちはより年長の子どもたちや思春期の子どもたちにとっての移行の影響にも注意を払うようになっています。

治療的観察の設定

　社会的養護のもとにいる子どもたちの経験に寄り添う臨床家の仕事は，苦悩とやりがいの両方をもたらすため，その設定には臨床チームによる支援と定期的なスーパービジョンが不可欠です。はじめに臨床家とスーパーバイザーは，それぞれの役割について合意しておくべきです。専門家ネットワークへの連絡やフィードバックは臨床家が担うことになるかもしれませんが，状況によってはスーパーバイザーがこれを担う方が適切な場合もあります。第一段階として，里親，スーパーバイジング・ソーシャルワーカー，子どもの担当ソーシャルワーカー，およびその時点で関わっている他のすべての専門家とのミーティングを設定することは有用です。これにより観察にはどのようなことが必要とされるのか，そしてなぜ観察が提供されるのかを検討し，審査のプロセスや連絡のとり方を承認する機会が得られます。永続的な委託先が決定された場合，移行に向けて準備する最善の方法についてのアイデアも最初のミーティングで共有することができます。第 1 章で概説した調査結果に基づいて考えるなら，特に人的配置等の問題がない限り，移動後すぐに里親が子どもを訪問することが推奨されます。また，多くの子どもとその新しい家族にとって，以前の里親とのつながりを継続することも有益です（Schofield, 2018）。
　本章では，私がスーパービジョンを担当し，社会的養護のもとにいる子ど

ものための専門的なメンタルヘルス・サービスを提供している臨床家によって行われた，治療的観察の二つの事例を紹介します。最後のセクションでは，治療的観察において何度も現れるテーマを検討します。

ア　ニ　ア

　早産で生まれ，出生直後に社会的養護につながった乳児アニアと親密な関係になるために，治療的観察が提供されました。この介入は2年間続けられました。臨床家のマルティーナ・ウェイラントは経験豊富な臨床ソーシャルワーカーで，メンタルヘルスの専門家でもあり，精神分析的乳幼児観察を含むトレーニングを受けていました。

　アニアの実父母は深刻なメンタルヘルスの問題と物質乱用の問題を抱えていたため，彼女は生まれた直後から社会的養護を受けることになりました。それまでの8年間で，アニアの母親からは3人の子どもたちが引き離されていました。アニアは実母が大量のヘロインを摂取したことにより，胎児ジストレス[*23]が認められ，予定日より4週間早く生まれました。彼女は胎内でコカインにも曝されていました。新生児薬物離脱症候群のため，アニアは病院の新生児集中治療室でモルヒネによる治療を受けなければなりませんでした。また心雑音も検出され，継続的な経過観察が必要でした。アニアは新生児病棟で3週間，病棟看護師たちから交替で専門的なケアを受けました。

　薬物への胎内曝露とその後の離脱の影響のひとつとして，赤ちゃんは耳をつんざくような甲高い声で泣き続けることがあります。そのような赤ちゃんを慰めるのは難しく，何時間も抱っこし続けたり，連れて歩いたり，なだめたりしなければならないこともあります。アニアの最初の里親は2人の幼い子どもたちの世話もしていましたが，アニアの慰めようのない苦痛は自分の手には負えないと考えました。3カ月後，この里親への委託は終了しました。アニアはまたしても分離に直面し，最初の里親の家で慣れ親しんだ声や

[*23] 子宮内の胎児の呼吸や循環機能が障害された状態。

匂いやルーティンから離れなければなりませんでした。アニアは経験豊富な里親であるシャロンのもとに連れてこられました。シャロンは他に面倒を見なければならない子どもはおらず，成人した娘のサポートを受けながら一日の大半をアニアだけに注目して過ごすことができました。

　アニアが初めてシャロンのもとにやって来たとき，シャロンはアニアが何を望んでいるのか，何を必要としているのかを理解するのは難しいと報告しました。引きこもっている内向的な状態と，慰めるのが困難な甲高く泣き続ける状態が交互にやってきました。アニアは絶え間ない注目を必要としていて，世話をするのは大変でした。哺乳瓶からミルクを飲むようにするには，非常に忍耐強く促さなければなりませんでした。アニアは落ち着かせたりなだめたりするのが難しく，夜のあいだ頻繁に目を覚ましました。アニアは上半身，特に片腕が硬くこわばっているようでした。担当ソーシャルワーカーは，アニアが生後3カ月のときの様子を次のように鮮明に描写しました。

　　筋緊張の強い小さな赤ちゃんで，硬くこわばり，つぶれたボールのようにくの字になって横たわっていました。甲高い声で叫んでいて，この状態が延々と続いた後，突然叫ぶのを止めました。これはどうすることもできないと感じました。

　ソーシャルワーカーおよび里親との協議では，アニアの将来の養育を確立するための手続きが行われているあいだ，オープンエンドの観察介入を行うことが合意されました。それは2週間に1回，里親委託先への訪問と専門家ネットワークとの定期的なミーティングを組み合わせて行うこと，そしてアニアの委託先が決まったときには，観察者はアニアの養育者となる人と会うことが合意されました。

　初めての訪問の際，生後4カ月になっていたアニアからマルティーナが受けた印象は，はるか遠くにいる赤ちゃんというものでした。

　　アニアは，どちらかというと青白く，こわばっているように見えました……シャロンが部屋を出ていったとき，アニアは私の方を見ませんでした。アニアと

2人きりになるという状況はとても気詰まりでした。沈黙と孤独があまりにも長く感じられたので，私はもっとアニアの近くに座ろうと移動し，静かに彼女に話しかけました。アニアは手をグーにして，左腕を硬直するまで伸ばしました。シャロンが戻ってくるまで，アニアはこの緊張した姿勢のままでいました。

　2度目の訪問で，マルティーナは再び数分間アニアと2人きりになりました。今回は，アニアが観察者に向けてためらいがちな動きを見せました。

　　アニアは虚ろな目で私を見つめていて，それは非常に長い時間に思えました。彼女はゆっくりと腕を動かし，私の手首に自分の手を置きました。私はアニアの意図的な動きに非常に驚き，また彼女の羽のように軽い感触にも驚きました。アニアを吹き飛ばさないように，息を止めなければならないかのようでした。アニアは私の顔を覗き込み，その目は輝きを増していました。シャロンが戻ってくるまで私はじっとして，アニアに静かに話しかけました。

　こうした初期の訪問では，マルティーナが会っていたのは，なかなかつながることができない赤ちゃんでした。アニアはマルティーナを自分の認知から積極的に遮断しているようで，マルティーナから顔を背け，マルティーナが話しかけても反応しませんでした。アニアは真顔でめったに表情を変えませんでした。マルティーナは，アニアとのふれあいはゆっくりと段階的に行わなければならないということを学びました。速すぎる動きや大きすぎる音は，アニアを一瞬で引きこもらせてしまいます。しかし，ひとたびふれあいが成立すると，マルティーナとこの生後3カ月の赤ちゃんとの交流はとても強烈なものに感じられるようになりました。時が経つにつれて，マルティーナはシャロンとの交流にも同じようなパターンがあることに気がつきました。マルティーナの訪問は，たびたびキャンセルされたり延期されたりしました。時には玄関でベルを鳴らしてから数分間待たされることもあり，待たされているあいだ，マルティーナは自分の訪問が忘れられたのか，あるいは望まれていないのかと自問自答していました。しかしひとたび家の中に迎え

入れられると，暖かく歓迎され，彼女の訪問が楽しみに待たれていたことは疑いようがないように思えました。それはまるで，里親と赤ちゃんという二人組を包んでいる保護層を突き抜けるためには，特別な粘り強さが必要であるかのようでした。

マルティーナは，アニアがシャロンとその家族から温かくて気配りと思いやりに満ちた養育を受けながら，ゆっくりと，しかし着実に成長していくのを観察しました。シャロンがアニアのことを理解し，アニアのための適切なアプローチを見つけるのには時間がかかりました。マルティーナは，アニアが仰向けに寝ていて部屋の他の人たちが何をしているのかが見えないときに，しばしば落ち着かなくなることに気づきました。寝返りが打てるようになり，さらにお座りができるようになると，アニアは前よりもリラックスしているように見えました。シャロンは時には疲れ果てていると感じながらも，アニアを理解し助けるためのさまざまな方法を考え続けました。例えば，アニアと一緒にできるベビーマッサージを学びました。乳幼児健診でアニアが小さなおもちゃを紐で引っ張る段階にまだ達していないことが判明したときには，次の健診で小児科医にできるところを見せられるように，シャロンはこのようなおもちゃをいくつかアニアに買ってあげました。

マルティーナが訪問し始めて2カ月が経った頃，シャロンはアニアの実母が薬物の過剰摂取で死亡したという衝撃的な知らせを受けました。次の訪問では，マルティーナとアニアのあいだに深いふれあいの感覚がありました。

　　アニアは私の前に座り，真剣なまなざしで私を見ていました。彼女は私の手をつかんで握りました。私は静かな声で優しく話しかけました。アニアは私の目を見つめ続けるので，私はそれに応えて彼女の手を撫でました。時折，アニアは肩や胸を大きく動かしてため息をつきました。2人とも黙ったままの時間が長く続きました。私はアニアと深くつながっている感覚を覚えました。

アニアの実母の死の影響は壊滅的なもので，それまでよくまとまっていた専門家ネットワークはバラバラになってしまいました。この期間中，専門家

たちへの電話やメールには何の返事もありませんでした。いまやシャロンの心にはぽっかりと穴が開いてしまったように見え，アニアをたったひとりで面倒を見ていると感じていました。シャロンはアニアの人生で最も身近な大人としての責任を負うと同時に，一番近くにいる人間として，アニアに代わって痛みと悲しみを経験していました。マルティーナは，ネットワークとのコミュニケーションを再び確立するには粘り強さが必要だと気づきました。里親宅を訪問したときと同じように，ひとたび連絡がとれてしまえば，それは歓迎されました。ミーティングが再開されたとき，ネットワークの専門家たちは，マルティーナの観察による貢献と彼女が設定し続けたミーティングを高く評価していると明言しました。

　専門家たちの作業グループが再びまとまり始めた頃，マルティーナは里親宅のリビングルームの家具の配置が新しくなっていることに気がつきました。ソファとアームチェアが部屋の中央に円を描くように配置されており，小さなテーブルが可動式の出入り口となって，内側のクッションで覆われた閉じた空間への入り口となっていました。これは子宮のような空間を表すものであると同時に，過酷で危険だと感じられる外界からアニアを守る緩衝装置でもあるように思えました。おそらくそれは，アニアが将来知ることになる実母の死という残酷な事実に対する緩衝装置にもなっていたのでしょう。ここではアニアは安全に守られ，実母との死別の衝撃を少しずつ処理することができ，時には脇に置いておくことができました。マルティーナは，訪問の定期的なルーティンを確立するため，内と外の境界線を越えられるよう粘り強く働きかける必要があったのと同じように，今度はソファの輪の中に入るのに努力が必要でした。しかし，ひとたび輪の中に入ると，「**今は輪の中にいるのだから，今は本当にただ存在することができる**」という気持ちになりました。ソファの輪の保護領域は，ショックや悲しみの感情から一時的に逃れられる場所を，象徴的にも具体的にも提供しているように思われました。

　悲しいことに，6週間後アニアは再び遺族となりました。彼女の父親も急死したのです。原因は不明でした。アニアがもうひとりの親を失ったことで，彼女の周りの人たちは深いショックと悲しみに包まれました。父親の両

親は別の国に住んでいましたが，すぐにアニアの養父母として名乗りを上げる決断をしました。アニアが実親家族のなかに留まることは希望を与えてくれるようにも思えましたが，同時に，アニアの複雑なニーズを祖父母が満たすことができるかどうか，また，彼らの息子の死が家族全体に与える影響について不安もありました。アセスメントは5カ月に及びました。不確かな状態が長く続いた一方で，他国への移住によって，アニアがシャロンと築いた固い絆が完全に断ち切られてしまう恐れがありました。マルティーナはこの移行期におけるシャロンの立場を次のように説明しました。

「移行の行き詰まり」の状態にあって，将来が不確かな子どもの面倒を見るという複雑な仕事を適切にこなしている。すなわち，子どもが行ってしまうとわかっていながら，同時に愛情あふれる家庭を提供する必要性のバランスをとって親密な絆を深めている。

「あなたはたくさんのことを知っています」

アニアは動揺したり疲れたり傷ついたりしたときに，シャロンからの慰めを受け入れることに，どちらかと言えば消極的でしたが，次第にシャロンにもっと頼るようになっていきました。この重要な変化によって，シャロンはアニアが将来の養育者に自分のニーズを伝え，慰めを見出すことができるようになると感じられるようになりました。アニアの祖父母が養父母として前向きに評価された後，シャロンのなかで，この祖父母のことをよく知り彼らを助けたいという気持ちが強くなりました。それは，シャロン自身がアニアが誰と一緒にいることになるのかを知るためでもありましたが，同時に，アニアが安心や慰めを求めてシャロンを頼れるあいだに，祖父母のことをよく知る時間をもてるようにしてあげるためでもありました。いまや専門家ネットワークにマルティーナが継続して関与するよう擁護していたのは，シャロンでした。シャロンは，マルティーナは計画を立てるために欠かせない存在であり，祖父母が最初にアニアに会いに来るときにはその場にいるべきだと主張したのです。

あなたはこんなにも長いこと私たちを訪ねてきてくれました。あなたはたくさんのことを知っています。あなたはアニアの人生のなかで重要な存在なのです。

　アニアの祖父母は，初めての訪問の数カ月前からシャロンと電話で話し，スカイプでコミュニケーションをとっていました。その後3週間の導入期間があり，そのあいだ彼らは毎日のように里親宅を訪れてアニアのルーティンを覚え，徐々にアニアと3人で過ごす時間が増えていきました。この通常よりも長く設定された導入期間は，マルティーナが直接観察した結果としてアニアのニーズがより深く理解されたことを反映したものだ，と専門家ネットワークは認めていました。マルティーナはまた，自分の観察結果に基づいて，アニアが新しいアタッチメントを形成したり，人びとの声の響きや耳にする言語さえも異なる新しい国に引っ越したりする際に，どのようなことが必要になるのかを養父母が想像できるよう，助けることができました。マルティーナは繰り返し観察された結果を引き合いに出して，アニアが短期間にあまりにも多くの新しい経験や新しい大人に曝されると，あっという間に圧倒されてしまうと説明することができました。またマルティーナは，アニアには段階的で統合された移行が必要だと訴え，アニアの担当ソーシャルワーカーと一緒に各段階について，とことんまで考えることができました。専門家ネットワークは，アニアの未熟な自己充足の特性から，なかなか助けを求めず自立しているかのように思われてしまいがちだが，実際にはより一般的な環境で育つ幼児の状況よりも，きめ細やかに調律された養育と個別の注目を必要としていることを認識することができました。

　アニアは2歳3カ月で新しい家に移動しました。私たちは，アニアの親戚が集まって，おじのひとりが祖父母を積極的に手伝うようになったと聞きました。アニアの祖父母はシャロンと連絡をとり続け，スカイプで話したりアドバイスを求めたり写真を送ってくれたりしていました。また，マルティーナには，自分たちの国のサービス部門から心理的な支援を受けるために役立つ手紙を送ってほしいと頼みました。

考　察

　今回の介入の全期間にわたって中心となった仕事は，専門家ネットワークをまとめることで，その目的は，アニアを最優先で考え続けること，そして永続的な委託先が決まった後は，委託が遅れる可能性を低くすることでした。マルティーナは観察期間中，専門家たちとのコミュニケーションを維持し，アニアの家族とのつながりを保つことに成功しました。マルティーナの役割のもうひとつの側面は，アニアの発達に関するシャロンの観察結果の妥当性を確認し，自分自身の観察結果を共有し，アニアの心理的なニーズについて自分がどのように理解しているのかを説明することでした。アニアが経験している現実とつながり続けることは，アニアをそれぞれの役割のなかで支援する専門家たちによって高く評価されると同時に，抵抗もされているように思われた重要な仕事でした。私がラハンの治療的観察で気づいたのと同じように，ここでも，特に子どもが里親家庭を離れるときが近づいている時期には，観察者の役割を果たすためには「輪のなかに入って」「つながりを保ち続ける」ための特別な努力が必要だったのです。

　アニアの実父母の死の影響が残るなかで，里親家庭での観察をもとにアニアの発達を説明することは，ネットワークがバラバラになってしまっていたときに，コミュニケーションをとって再びつながるための焦点を提供してくれました。それはまるで生き生きとした成長が核となって，その周囲により希望に満ちて活発な関係性が再構築されたかのようでした。アニアに向けられた個別の注目は，アニアのなかで深い反応を呼び覚ましたように見えました。そして，このことによってシャロンもマルティーナも希望をもつことができました。これは，2年間の治療的観察のあいだにアニアが十分な注目を得る経験を取り入れることができたことを示唆しています。この経験は，アニアが他国の新しい家族のもとへ移動したり，将来困難に直面したりしたときに彼女の支えとなるでしょう。

ダ　ニ　ー

　ダニーは4歳で，今後の養育について決めるための養育手続きのために，18カ月前から里親養育を受けていました。養子縁組への委託命令が出された後，養親探しが始まりました。その間，もうひとりの年下の子どもが養子縁組のために里親家庭を離れました。ダニーの担当ソーシャルワーカーは，ダニーが社会的養護につながる前に実親家庭で受けていたネグレクトや混沌とした子育ての影響や，実父母やきょうだいとの分離，さらにはこの年下の子どもが里親のもとを去った喪失体験の影響について心配していました。ダニーが非常に内向的になり，意思の疎通が困難になったときから，自閉症スペクトラムの可能性が懸念されていました。担当ソーシャルワーカーはまた，里親であるファリサが，過去数年間に何人もの幼い子どもたちがやって来ては移動していったので，もしかしたら彼女の手と心が「いっぱいいっぱい」になっているのではないかと心配していました。担当ソーシャルワーカーは，養子縁組家庭が決まるまでの待機期間中，ファリサがダニーの深い情緒的ニーズに応えられるよう助けるための支援を望んでいました。治療的観察のもうひとつの目的は，ダニーにとって無理のないペースでアタッチメントを形成できるような，そして心理的支援を活用してくれるような養父母を選定し，支援するための情報を提供することでした。

　背が高く痩せていて，もじゃもじゃの赤毛のダニーは，動きがぎこちなく，幼く見えると同時に老けても見える子どもでした。ファリサはダニーの養育にやりがいを感じていました。ダニーは，はつらつとして愛情深いときもあり，ファリサの幼い孫たちと一緒に力強く成長していました。しかしファリサはまた，ダニーがまるで彼女のことが見えも聞こえもしないかのように振る舞うことがあり，完全に心を閉ざしてしまっているように見えて，心配で途方に暮れることもあるとも言っていました。保育士によると，ダニーは保育所でひとりでいることが多く，他の子どもたちの遊びに参加できずに大人数のなかで途方に暮れているように見えることが多いとのことでし

た。

　私の同僚であり，臨床心理士で乳幼児メンタルヘルスの専門家でもあるマルタ・バシガルピが，4カ月にわたって里親宅と保育所を訪問しました。

第一印象「僕は今，自分の遊びをしているんだ」

　ファリサは私をとても温かく迎えてくれました。ファリサは，彼女のことを「ママ」と呼ぶダニーにとても優しく，母性的です……ダニーは実年齢よりも年上に見え，背が高く痩せていて，赤い髪が顔よりも目立っていました。ダニーは力強くてエネルギーに満ち触れているように見えますが，顔は青白く，目の下にはクマがありました。

家は暖かく整っていて，光があふれていました。ダニーの部屋は居心地が良く，生活感がありました。

　ダニーは私に一緒に遊ぼうと誘ってきました。私は熱心に参加しましたが，ゲームを数秒間やると，ダニーは退屈したようで別のおもちゃを取りに行きます……ダニーはネックレスを作ることを提案し，ファリサにビーズの入った箱を取ってくるよう頼みました。ファリサは，「私にネックレスを作ってくれるの？」と尋ねました。ダニーは答えず，色のついたビーズの入った箱を開け，床に投げつけてから私たちに背を向け，金属的な声で「僕は今，自分の遊びをしているんだ」と言いました。

マルタはダニーの「金属的な」，機械的な響きの声に驚きました。また，ダニーがファリサやマルタを遊びに誘った後に背を向けると，ファリサやマルタは締め出されたような気分になり，床に散らばったビーズを集めることで精一杯になってしまうことにも気がつきました。

　保育所での最初の観察では，マルタはダニーの遊びに喜びが見てとれないこと，そしてどこか強迫的な感じがあることが気にかかりました。

ダニーはプラスチック製のハンマーを持って歩き回り，壁の中の何かを直す振りをして，「壁を直しているんだ」と小声で言っています。……ダニーは誰のことも直接見ることはせずに，手にいくつかおもちゃを持ってうろうろしています。長い粘着テープを見つけると，まるで自分と外の世界とのあいだに目に見えない壁を作るかのように，それを自分の目のところに持ってきます。ダニーは怒ったり悲しんだりしているとき，すみっこで涙ぐんで座っているのだと保育士が教えてくれました。

　ダニーは壁の近くに留まり，硬いものや粘着性のあるものにしがみつくことでしか賑やかな部屋のなかにいられないように見えました。活発な子どもたちのなかで，ダニーがこれほどまでにひとりぼっちに見えることに，何かもの悲しいものがありました。マルタはダニーが他の子どもたちと一緒に遊べるようにしてあげたいと強く願っていましたが，彼は他の子どもたちの存在にほとんど気づいていないようでした。マルタは自分が観察した結果について保育士たちと話し合い，ダニーが保育所にいるあいだに保育士たちが気づいた小さな変化について話を聞きました。ファリサと同じように保育士たちも，まるでダニーが他の人と一緒にいるときには完全にはそこに存在していないかのように，ダニーの様子をなかなか思い出せないことがあると気づきました。おそらく，ダニーは，生まれてから最初の数カ月や数年のあいだ，予測可能で安全だと感じられるやり方で，誰かに影響を与える経験をほとんどしてこなかったのでしょう。人生の早期にダニーが受けたネグレクト——そのとき，年上や年下のきょうだいのニーズと競合して，ダニーの基本的なニーズはしばしば見過ごされていたに違いありません——のことを考えると，ダニーのこの影のような性質を理解することができました。保育士たちは，他の子どもたちと一緒に少人数のグループで構造化された活動を行う時間を設けることで，ダニーを支援する方法を考え出しました。
　マルタは里親家庭での観察を続ける一方で，電話でやりとりしながら保育所でのダニーへの支援を見直しました。空虚感とともに取り残されるという経験——これはおそらく，見過ごされ取り残されてきたダニーの経験の何か

を伝えているのだと思われます——に何度も直面したマルタは，ダニーの現在の経験のいくつかを結びつけることでダニーを支援しようとしました。このプロセスは単純に，ある訪問を次の訪問につなげることから始まりました。

　　ダニーが一緒にサッカーをしようと私を誘いました。私がゴールキーパーになります。私はベッドの前で「これがゴールよ」と言って体勢を整えました。ダニーはボールを 2，3 回蹴り，私はボールを蹴り返し，心から楽しんでいる様子を見せました。しかし，ダニーはサッカーをやめて床に座り，背を向けて黙々と積み木で遊び始めました。私は落とされてしまったような気分になり，ダニーの遊びを見続けることに努力が必要になりました。

　ダニーに関心と友好的な態度をもち続けることで，マルタは欲求不満や拒絶のつらい感情は乗り越えられるのだということを示そうとしました。3 回目の観察では，すでにいくつかの変化が現れていました。ダニーの遊びはより想像力に富んで持続的なものになっていたのです。ファリサの助けを借りて，ダニーは以前よりも過去と現在を結びつけるようになっていました。

　　ダニーとファリサは，2 人ともキッチンのテーブルにいます。ダニーが挨拶をしました。テーブルの真ん中にはトマトとオリーブが載った大きなピザがあります。私は，「前回の約束通りに作ってくれたのね」と嬉しくコメントしました。ダニーはどうやって作ったのかを誇らしそうに教えてくれました。ファリサは，ダニーは柔らかいピザが好きなのよと強調し，材料が何だったかをダニーに思い出させて助け舟を出します。それは，ひとつになれた素晴らしい瞬間で，私は前回話し合った考えを 2 週間も覚えていてくれたことに励まされる思いでした。

　マルタはダニーと一緒に過ごした自分自身の経験を受け止めて，それを省察するだけではなく，ダニーとファリサが一緒にできる遊びを促そうともしました。マルタは，ファリサにはダニーについて考える場を提供し，ダニーには自分の言葉や遊びでのコミュニケーションに反応してくれる，自分に関

心を抱いている大人がいるという経験を提供しました。ダニーと里親との関係が深まるにつれ，マルタは少しずつ身を引けるようになりました。ダニーは以前よりも考えたり自分の望みを表現したりできるようになり，人と関わることを恐れなくなったように見えました。

　それは晴れた日で，私たちは交代でお医者さんと患者さんになって庭で遊んでいました。ダニーはファリサの紅茶のカップに自分のビスケットのくずを入れ始め，ファリサは冗談めかして抗議します。ダニーは笑って，ファリサのカップに映った自分の姿を見ました。

　それはまるで，ダニーがファリサに自分自身の小さな断片，つまりビスケットのくずを与えて，それらがファリサの心のこもった温かい反応のなかで組み立て直され，コンテインされることを期待しているかのようでした。この遊びが帯びている穏やかさや優しさは，ダニーが誰かの心に抱えてもらうという修復の経験を取り込み始めていることを示唆していました。観察期間の後期では，ファリサはダニーの情緒的状態についての省察や成長に関する気づきや楽しみを，マルタと共有しました。

　ダニーは先週，ファリサが娘を妊娠しているときの写真を見つけ，自分もファリサのお腹から出てきたのかと尋ねました。ファリサは機会を捉えて，ダニーに彼の家族のアルバムを見せていました。ダニーはすぐにアルバムを取りに，中に駆け込みました。私たちはじっくりと写真を見ていきました。私は，ダニーがファリサと私に抱えられていると感じるときに，それまで非常に頻繁に見られていたように自分自身を感情から切り離すことをせずに，自分の過去を振り返ることができていて嬉しく思いました。

　ファリサはここ数日のことを話してくれました。ファリサは，ダニーが女王の記念式典のあいだとても興奮していたので驚いたそうです。ファリサは，ダニーが初めて保育所の出来事を話してくれたのだと嬉しそうに私に話します。ダニーは女王に会ったことがある自分の友だちのことをファリサに話したのでした。

マルタの最後の保育所訪問で，保育士からは，徐々にではあるものの明らかに改善の兆しが見られるとの報告がありました。ダニーは今では大人のサポートのもと，少人数のグループで他の子どもたちと一緒に遊べるようになり，彼の集中力は以前よりも長く続くようになっていました。ダニーの遊びは，より意味のあるものになり，より持続的なものになっていました。ダニーはより「そこに存在している」ように見え，自分自身を切り離しがちなところは以前ほど見られなくなっていました。最後の観察訪問では，ダニーはマルタが去っていくことを「遊び抜く」ことができました。

　ダニーは怒りと遊び心が入り混じったような言い方で「お前を吹き飛ばしてやる」と言いながら，私の顔に息を吹きかけてきました。その後，怒りは大きくなり，ダニーは私に「お前を檻に閉じ込めてやる」と言います。そして，「モンスターが来るぞ」と言います。私は檻の中から助けを求めている振りをして，テーブルを叩きました。ファリサはダニーに，私を救い出すのかと尋ねますが，ダニーは代わりに私の隣に座り，今自分たちは2人とも檻の中に閉じ込められているのだと言います。そしてダニーも助けを求めてテーブルを叩きました。
　ファリサは私たちを外に出すために鍵の束を持ってくる振りをします。ダニーは，うまくいかなくて私たちは，まだ閉じ込められたままだと言います。3回目の試みで，ダニーはファリサの「黄金の鍵」で檻が開いたと言いました。私はあふれる安堵と希望を感じました。

　ソーシャルワーカーたちとの最後の専門家会議で，マルタと私は，ファリサとダニー，そして保育士との取り組みについてフィードバックし，ダニーの将来の計画についてじっくりと考えました。私たちはダニーが永続的な委託先に移るときが来たときに起こりうる困難について，また，そのときにダニーとファリサのウェルビーイングをどのように支援するかについて，一緒に考えました。ダニーの担当ソーシャルワーカーは，この共同作業と省察によって，ダニーの情緒的ニーズをより深く理解することができ，サービスに紹介するきっかけとなったダニーの心配事に対処する自信をもつことができ

たと話してくれました。

　観察終了から4カ月後，ダニーのために養親が名乗りを上げました。養親は私をマルタの同僚として歓迎してくれて，私は新しい家にいるダニーに会うことができました。養親はダニーの新しい生活を，彼の早期の経験についてわかっていることと結びつけることができました。ダニーは地元の小さな小学校に通っていましたが，そこでは彼のニーズが認識され，支援プログラムが用意されていました。私は，新しい家にダニーがファリサやその家族と一緒に写っている写真があるのを見て感動しました。このような関係性が記憶され大切にされていること，そしてダニーが新しい家族との生活に慣れ始めているのを見て励まされる思いでした。

考　察

　ダニーの養育に関わるさまざまな外部環境や人びとを結びつけながら，同時にダニーの内的世界を心に抱えることで，マルタは里親家庭での作業のための治療的環境を作り出すことができました。ダニーを孤立させ，また周囲の人びとが閉め出されり見過ごされたりしていると感じさせる経験をもたらす相互作用のパターンを認識し，それを理解することができたのです。ダニーの遊びが，自分のことを考えてもらい心に抱えてもらうという経験を反映するようになるにつれて，彼の遊びは軽やかなものに感じられるようになりました。そこには，新たな喜びと驚きの感覚が生まれていたのです。相互的な楽しみを見つけたときの安堵感は，ダニーにとってもファリサにとっても，養子縁組に伴って訪れた分離という苦しい経験を乗り越えて生きていく助けになったかもしれません。これは養子縁組の統合的な経験でした。養親はダニーの経験や関係性を心に抱えることができたのです（Cregeen, 2017）。

核心的なジレンマ：帰属の複雑さ

　治療的観察を通して得られた経験的知識によって，里親養育関係の情緒的な複雑さや，必ずしも語られてこなかった里親が直面するジレンマについ

て，より深く理解することができます。私たちは子どもが里親のところに
やってきたときの影響の大きさ，そして子どもが行ってしまうことが予測さ
れるとき，子どもが行ってしまうとき，そして子どもが行ってしまった後の
喪失体験の影響の大きさに遭遇します。

　ナディラはラハンを手放すことを「心のなかで練習していた」ようで，つ
いにラハンが連れて行かれてしまうときが来たとき，ナディラとラハンの双
方が，親密にふれあう瞬間と引きこもる時間を交互に経験することのできる
退却のような形で，苦痛を調節していたように感じられました。シャロンや
ファリサの場合は，子どもと何らかの形で関係性を継続できるかもしれない
という大きな確信がありました。シャロンとアニアの祖父母とのあいだにで
きたつながりによって，シャロンは，子どもがどんな人と一緒にいることに
なるのかを知っているという安心感をもつことができ，また自分とアニアと
の関係性は重要なのだと認めてもらえて，子どもを手放す経験を乗り切るこ
とができました。ファリサとダニーの場合は，彼がファリサの紅茶のカップ
に映る自分をじっと見たときに，自分がファリサの中に受け入れられたのだ
と痛烈に，そして遊び心いっぱいに認識しているように見えました。

第6章

より取り組みやすい介入：
「ウォッチ・ミー・プレイ！」

「ウォッチ・ミー・プレイ！」は，子どもの遊びを通して子どもの声を聞く機会です。
（子どもの担当ソーシャルワーカーからのフィードバック）

　この章では，治療的観察の細やかな注目に，子ども主導の遊びへより直接
的に焦点づけることを取り入れた，さらに取り組みやすいアプローチについ
て述べます。友人の5歳の息子であるサムは，この介入に名前をつけてくれ
ました。ある土曜日の朝，サムが私に「ドアを閉めて僕が遊ぶのを見てて！
（Watch me play!)」と頼んだとき，彼はコンテインされた空間で自分の遊び
に注目してもらうことへの期待を一言で完璧に言い表したのです。

　子どもが社会的養護につながるとき，その状況は常に複雑なものです。そ
の危機的状況のなかで，子どもの発達にとっての遊びの重要性は簡単に見失
われてしまう可能性があります。また，医学的な治療に焦点を当てる必要性
や怪我をしている子どもの安全を確保する必要性のために，うっかり子ども
の心理的・情緒的なニーズから注意がそれてしまうこともあります。加え
て，里親家庭からの移動が計画されている場合，里親が子どもに手を差し伸
べ続け，意義深い情緒的つながりを作り続けることが困難なこともありま
す。同時に，ネグレクトや虐待に曝された経験があったり，主要な養育関係
が混乱していたりする場合に，子ども主導の遊びが特に重要で有用になるこ
とがあります。社会的養護のもとにいる子どもたちの葛藤に満ちた状況のな
かで，遊びは，里親と子どもがお互いに無理のないペースで一緒になれる空

間を提供してくれます。養子を迎えることになり，子どもを圧倒することなく子どもとつながる方法を探しているような人には，境界線のある遊びという領域は，新しい関係性を敏感に探索するための空間を提供してくれるかもしれません。

　「ウォッチ・ミー・プレイ！（Watch Me Play!）」（以下 WMP）アプローチでは，探索的な遊びのための環境を作り，子ども主導の遊びから学びます。遊びのための環境を作るということは，子どもが静かな空間で，養育者の注目を一身に受けるという経験をする機会を作るということでもあります。子どもが自己表現し，創造性を発揮できるようなおもちゃや素材を選ぶことも必要になります。子どもの遊びから学ぶということは，子どもがやろうとしていることが安全である限り，大人は子どもに主導権を握らせるということです。またこの方法によって，子どもに関わっている大人たちがひとつになって，子どもの遊びに何を見ているのか，子どもが遊んでいるあいだ，子どもと一緒にいることをどのように感じているのかを振り返ることができます。本章のケーススタディは，このアプローチがどのように開発されたのかを例証しています。WMP のワークショップやフォーカス・グループの参加者からのフィードバックを参考にしてまとめられた実践上の考慮事項や研修について学んだことは，第 7 章で扱いたいと思います。

「遊ぶことができない」子どもたち

　社会的養護につながる子どもたちのなかには，最初に「遊ぶことができない」と記載される子どもたちがいます。カイルは 3 歳半，妹のベラは 1 歳年下で，2 人が病院から保護されたとき，骨折するほどの身体的暴行を経験していました。また，両親間の暴力も目撃しており，2 人とも非常に低体重でした。2 人の行動や大人に対する反応から，基本的なニーズが著しく無視されてきたことは明らかでした。2 人は大人を避け，安全のためにお互いにしがみつき，水を怖がっていました。また，ともに夜驚症と食事の問題がありました。

カイルとベラは，幼い子どもの世話をした経験が豊富な里親が見つかるまでのあいだということで，通常は10代の若者の世話をする里親であるスザンヌに緊急委託されました。長期の里親候補が見つかった頃には，2人はスザンヌと親密な絆を築いていたため，裁判所は永続的な養親が決定するまでスザンヌと一緒にいるべきだと判断しました。2人を担当するソーシャルワーカーとの協議のなかで，支援計画が合意されました。ソーシャルワーカーは2人の乱れた食事パターンや，スザンヌが引き続き2人の面倒を見続けることができるのかどうかについて特に心配していました。私は里親家庭で直接，観察作業を行うことによって，この子どもたちのニーズについて，そしていずれ実親家庭へ再統合するのか，養親家庭へ移るのかといった移行をどのように支援するのが最善なのかについて，ソーシャルワーカーと一緒に考えるための情報を提供することになりました。

　スザンヌに電話で自己紹介をして里親宅への訪問を申し出たとき，私は彼女が抱いた第一印象について話を聞きました。スザンヌは子どもたちが家にやって来たことを「竜巻に襲われたような」と表現しました。初めての訪問で，子どもたち2人が耳をつんざくような叫び声を上げながら部屋中を走り回っているのを見たとき，私はスザンヌの言葉の意味を肌で感じました。困惑することがたくさんありました。年齢差があるにもかかわらず，2人の外見は非常に似ていました。2人とも細くて筋張っており，顔はカールした茶色い髪で半分隠れていました。まったくの初対面だったにもかかわらず，彼らは満面の笑みを私に向けました。しかし，大きく見開かれた黒い瞳は焦点が合っていないようで，私を見ているというよりは，私のいる方向を見つめているように見えました。この子どもたちが経験したトラウマの影響は圧倒的なものに感じられ，どこから手をつけていいのかわからないほどでした。

　スザンヌは成人した娘のミリアムのサポートを受けており，また子どもたちの担当ソーシャルワーカーと保健師は，この委託がうまくいくよう支援する熱意をもっていました。私は里親宅で，この子どもたちと一緒にいることが，どのようなことなのかを心に取り込みながら過ごしました。カイルとベラは，里親家庭の一貫したルーティンにすぐに適応しました。最初は体を洗

われることを怖がっていましたが，スザンヌが根気強く安心させたおかげで2人はお風呂の時間を楽しむようになりました。これは励みになりましたが，2人が甲高い叫び声を上げて容赦なくおもちゃからおもちゃへと飛び回るので，スザンヌとミリアムはへとへとになりました。カイルもベラも新しい関係性を築いたり，遊びのなかで自分の世界を探索したりできるほど，警戒心を解くことができるとは思えませんでした。

　里親宅には電池式のおもちゃがたくさんありましたが，私はスザンヌとミリアムにそれらを片づけ，代わりにぬいぐるみとクッションを少しずつ用意して，子どもたちがおもちゃで何をしているかを静かに話し，時には歌を歌ってあげるように勧めました。次の訪問では，ミリアムの膝の上でじっと横たわり，童謡をうっとりと聞いているベラを初めて見てとても感動しました。

　里親宅への4回目の訪問で私が床に座って子どもたちを見ていると，スザンヌは，最初にカイルが，そして次にベラが，一瞬だけ私の方を見て立ち止まり，また立ち去ったとコメントしました。子どもたちが興味を示したのは私が子どもたちに十分な注目を与えていたからなのだろうか，また，私が床に座っているあいだは突然離れることはないと見てとれたからなのだろうか，と私は考えました。これを機に，スザンヌとミリアムがカイルやベラと一緒に座り，それぞれの子どもを見守り，子どもたちの遊びについて話しかける時間を，毎日少し作ることができないかと思いました。スザンヌは，それがどのように役立つかについて，率直に言って懐疑的でしたが，同時に何でもやってみる用意がありました。スザンヌとミリアムは忙しい日常のなかで，1日1回か2回，5分か10分のあいだカイルとベラに個別に注目する時間を作りました。私たちは電池式のおもちゃを片づけ，テレビを消し，少数のシンプルなおもちゃと数個のクッションを置いて，静かで快適な環境を一緒に作っていきました。

　カイルとベラは高い警戒レベルで生活していて，新しく養育者となる人との信頼関係を築ける最初の兆候が見られるまでには，何カ月もかかりました。私はスザンヌとミリアムに，それぞれの子どもが遊びの主導権を握るの

を許し，たとえ遊びが非常に反復的なものであっても，それが安全である限り子どもがしたいことをやらせて，遊びのなかで起こっていることを静かなコメントで描写してみてはどうかと提案しました。前もって決めておいた電話でのやりとりと訪問を交互に行って，そのときに，子どもたちの遊びのテーマや展開について，そして子どもたちが遊んでいるあいだ一緒にいるのは，どんな感じがするかについて，私はスザンヌに尋ねることができました。何か変わったことはあったのか，それとも状況は同じままなのか？ 遊びは生き生きとしていたのか，それとも一緒にいる大人を不安にさせたり，退屈させたり，動揺させたりするものだったのか？ スザンヌは，カイルが何度も車と車を衝突させていた様子を説明してくれました。その後，車をソファの下に押し込み，見つけるようスザンヌに頼むことを繰り返す時期がありました。スザンヌは，この非常に反復的な遊びには気力をそがれるような支配的な雰囲気が漂っており，彼女が遊びに注目するのは 10 分が限界だったと述べています。カイルは他のおもちゃで遊ぶことはほとんどありませんでした。スザンヌが木製の人形の家族を見せてカイルの気をそらそうとしたとき，カイルはショッキングなまでの唐突さと力で，ひとつの人形を別の人形の上に叩きつけて割りました。スザンヌの反射的な反応は，「優しくしてね。優しく人形と遊んでね」というものでした。その後，私たちは，突然垣間見えたこのショッキングで非常に現実味を帯びたフラッシュバックのような何かについて，一緒に考えることができました。

　私たちは，カイルの早期の成育歴についてわかっていたことに基づいて，彼の遊びが，大人が予測できない行動をとるという恐ろしい経験や，人生早期の急激な変化について何かを表現しているのではないかと考えました。私はスザンヌに，カイルがやっていることが安全である限り，たとえ見ていて不快に感じたり心を乱されたりすることがあっても，遊びの方向性を変えずにそれを続けることを許してあげてくれないかと頼みました。スザンヌは，このようなときにカイルと一緒にいるとどんな感じがするのか，そして自分がどのような感情とともに取り残されたのかを話せたことは助けになったと伝えてくれました。カイルの人生早期の経験が遊びを通して伝えられ，スザ

ンヌと私がそれについて考えるようになると，何かが変わりました。怯えさ
せられ，厳しく管理された彼の経験が理解されたのです。カイルが食事を楽
しむようになり，食事のバリエーションが増え，食生活に著しい改善が見ら
れたことでスザンヌは報われました。子どもたちが走り回ったり甲高い声で
叫んだりしてスザンヌがへとへとになることも少なくなりました。カイルに
も恩恵がありました。カイルは警戒心が薄れ，スザンヌに慰めを求めるよう
になりました。スザンヌがカイルを膝の上に抱っこすると，彼は固くなって
自分自身を抱きしめたりスザンヌを押しやったりするのではなく，より長い
間リラックスできるようになりました。

　カイルが自分でおもちゃの車を探し始めたとスザンヌから聞いたときが，
重要な発達の節目となりました。カイルと一緒にいるときの感覚が変化し，
より希望に満ちたものになっていたのです。カイル自身もスザンヌも，彼が
新たに見出した自己主体感と自信を楽しんでいました。スザンヌが床に座っ
てそばで見守るなか，カイルは別のおもちゃにも興味を示すようになってい
ました。カイルは人形の家族は避けていたものの，おもちゃの動物には生き
生きとした声で話しかけ，童謡を歌うのに参加するようになっていました。

　養育手続きは1年以上にも及び，カイルとベラの両親とその親族のメン
バーのアセスメントが行われました。評価は否定的で，子どもたちの養子縁
組命令が出されて手続きは終了しました。この間まずはカイルが，そして後
にベラが，段階的に保育所に入所しました。カイルは保育士のひとりと特別
なアタッチメントを形成しました。ベラは保育所の少人数のグループで歌を
歌うことが大好きになりました。2人のために養親が名乗り出たとき，私は
観察やスザンヌとミリアムとの作業に基づき，養親家庭への統合的な移行を
計画するのに貢献することができました。

　子どもたちとスザンヌのあいだのアタッチメントの深さ，そして子どもた
ちが保育所という新しい環境で安心できるようになるまでに必要とされた段
階的導入を観察してきた私は，養親家庭への移行を通常よりもゆっくりとし
たものにすること，そして移動後の最初の数カ月間はスザンヌが子どもたち
を継続的に訪問することの必要性を訴えることができました。養親は，カイ

ルとベラのために何が役に立ったのかを熱心に聞き，子どもたちが里親家庭で慣れ親しんだ「遊び支援」を試してみたいと思っていました。これは，もう一本の「連続性の糸」を提供し，子どもたちと新しい両親がお互いのことを知るのに役立ちました。

　電話による養親へのサポートをさらに2年間断続的に行うなかで，安定した愛情あふれる家庭環境のなかで成長している2人の話を聞くことができました。カイルは，植物の成長の仕方に魅了されました。養父と一緒に畑*24 に穴を掘るのが好きで，自分で野菜を植え始めたと聞きました。ベラは今でも歌とあらゆる種類の音楽が大好きで，学校では自信をもってクラスの前で歌ったのです。

遊びについて一緒に考える

　非常に恐ろしい経験をした子どもたちの世話をしている養育者は，子どもの遊びのなかで起きていることを，同じように子どもを見ている人と一緒に省察することによって仲間を得ることができます。これにより，養育者は子どもの行動や遊びのなかで子どもが自分に伝えている，ときには不穏な心の状態にも心を開いていることができます。トラウマを抱えた子どもたちの遊びは，見ている人の気力を奪うような性質を帯びていることがあります。例えば，おもちゃの車同士を何度も衝突させたり，おもちゃを突然，あるいは何度も何度も投げたり，大人が参加した途端に子どもがゲームを中断したりといったことです。喜びが感じられない，何かに取りつかれたような，無慈悲さを感じる子どもの遊びを見守るのは，難しいこともあるかもしれません。何度も何度も同じことが繰り返し演じられるという経験に，養育者の心が疲弊してしまい，子どもと養育者がお互いに孤立感にさいなまれる結果になってしまうかもしれません。

　遊びに焦点を当てることは，スザンヌとミリアムにとって，大人の注目を避けることを学習した2人のもつ警戒心のバリアを越えるのに役立ったよう

---

*24 英国で，市などが市民に貸与している小区画の菜園用貸付地。

です。子どもたちの遊びのなかで厳しく管理されているように感じられていた何かを受け止め，それについて考える時間を設けることで，何かが変化し，子どもと養育者のあいだの関係性のなかに新しい何かが生まれました。子どもたちの気持ちや考え，そしてそれを表現する方法が，大切なものとして捉えられるようになったのです。子どもたちが里親の心に抱えられていることに自信をもちつつ，遊びのなかで自分自身を表現することで，長いこと抱え込まれてきた緊張感にはけ口ができました。養親ともこのアプローチを続けたことで，子どもたちにはもう一本の「連続性の糸」がもたらされ，養親は自分たちに無理のないペースで子どもたちに波長を合わせることができるのだ，と感じられるようになりました。

　ソーシャルワーカーや法律の専門家は，子どもを直接観察することで，子どもの情緒的な経験や心理的なニーズを，養育手続き中に関係者の意識のなかに引き戻すのに役立つと報告しています。このことは，家族のなかの大人自身が長いあいだ，満たされていないニーズを抱えていて，そちらに注目が集まってしまう可能性がある場合にはなおさら重要です。子どもの遊びの観察や時間の経過とともに見られるわずかな，しかし大きな意味をもつ変化について一緒に考えることによって，養育計画の話し合いが，子どものニーズに基づいて行われ，それに焦点を当てたものにできるのです。

「家が前より軽くなったように感じます」

　里親家庭での養育が「事務的」で温かみがないとの懸念が示されて，私が2歳半のノエミと里親のジェイドに会ったとき，2人とも落ち込んでいるように見えました。ノエミと3歳年上の姉アニータは，実母のティナが路上で倒れて病院に運ばれたのをきっかけに，社会的養護につながりました。ティナは，子どもたちの父親との関係が破綻するというつらい経験をした後，ノエミの誕生以来ずっと重度のうつ病を患い，アルコールに依存するようになっていました。児童保護のソーシャルワーカーたちは，実母と妹の世話をするという重い責任を，時には5歳のアニータが引き受けていることを心配

していました。

　ジェイドは，子どもたちが家にやってきたときの空腹状態にショックを受けていました。また，姉妹間の身体的なけんかの多さとすさまじい競争にも愕然としました。2人は誰にも頼れないまま，しばしば空腹で，怯え，不快感を抱えていたのでしょう。実母はアルコール依存症と重度のうつ病を患っていたため，予測できないような，時には怯えさせるようなやり方で彼女たちに対応していたのかもしれません。ジェイドは里親委託を受けてからの最初の数週間は，子どもたちの日常生活を確立したり，子どもたちを知ろうとしたりすることに苦労し，孤立感を抱いていたと説明してくれました。ジェイドは，ノエミが何の前触れもなく突然怒りに駆られたり攻撃性を露わにしたりして，無視したりひっかいたり噛んだりするので，呆気にとられたと言います。

　セッションのために，私がクリニックのプレイルームでノエミとジェイドに会ったとき，ノエミのぎこちない足取りと，ジェイドからわざと離れている様子が印象的でした。ノエミの髪の毛はきっちりと編み込まれ，鮮やかなピンク色のリボンで二つに結ってあり，かすかに眉をひそめた憂いを帯びた彼女の顔つきとはちぐはぐな印象でした。クリニックのプレイルームに入ってきたノエミは，ドールハウスをちらりと見ましたがそちらの方へは行かず，ジェイドの方を見ることもありませんでした。部屋が重苦しい雰囲気に包まれるなか，私は自己紹介をして，この時間にノエミは遊び，私とジェイドはノエミのことを考えるのだという話をしました。あとで気づいたことですが，ノエミはセッションの最初の20分間は完全に沈黙していました。

　私はプレイルームの床に座り，ノエミの近くにおもちゃの動物や柵，木製の人形，テディベアなどを置きました。ノエミはゆっくりとひとつひとつ動物を手に取り，見ています。ジェイドは，大きな声でノエミに動物の名前を教え始め，後に続いて言わせようとします。ノエミはそっぽを向いて宙を見つめます。ジェイドは，「ノエミはこんなふうに不機嫌な10代の若者のように振る舞うんです」と私に言いました。私はジェイドに床に座るように促し，「私たちはただ，ノエミが何をするのを選ぶか見ていましょう。そして，

あとで見たことを話す時間を作りましょう」と提案しました。ジェイドがノエミのそばに座ると，ノエミはいくつかのクッションと毛布を取ってきて，ねんねごっこをします。ジェイドは，今度はもっと静かな声でノエミに語りかけ，彼女がやっていることを言い表しました。次の2回目のセッションでは，ノエミはますます嬉しそうに，このゲームを繰り返し，毛布の後ろに隠れて，ジェイドと「いないいないばぁ」遊びを始めました。

　3回目のセッションの後半には，ノエミはジェイドに抱き上げられようと腕を上げました。ノエミがジェイドの膝の上でリラックスし，強い筋緊張が緩んでいくのを見て，私は深く安堵しました。曇っていたノエミの表情が晴れて笑顔になることも増え，前よりも自由に声を出すようになりました。ジェイドは私に，「家が前より軽くなったように感じます」と言いました。家ではノエミが赤ちゃんの人形で遊ぶようになったそうで，ジェイドに人形を抱っこしてもらい，自分はそれを見ていると言い張ることもありました。ノエミにとって，ジェイドの予測可能で安全な応答を何度も何度も見られるのは重要なことのようでした。ジェイドはノエミが経験してきたことを考えることで現在の行動と関連づけ，ノエミを子ども，それも実年齢より情緒的発達の面で幼い子どもとして見ることができるようになりました。

　ジェイドが私と一緒にノエミの遊びを観察して関心を示してくれたことは，とても励みになりました。ノエミは，赤ちゃん人形に象徴されるような間接的な方法で，慰めや世話を受け入れることができるようになったようでした。その後，ノエミが退行して赤ちゃんのようにハイハイしたり声を出したりする時期がありました。私は，ノエミは人生の最初の数カ月間に乳児期のニーズが満たされず，今になってそのニーズが理解され，応じてもらえるという強力な経験をしているのではないかと考えました。私はジェイドに，このような退行が見られたときには，ノエミが人生早期に経験し損なったことを経験し直す絶好のチャンスだと捉えるように，そして退行現象はノエミがより安全だと感じ始めている証なのだと考えるように勧めました。担当ソーシャルワーカーは，このようなときにノエミに対して，より幼い子どもであるかのように対応することが助けになっていることを，裏づけることが

できました。また，私たちはノエミがもっと年長の子どものように振る舞っていた，まったく異なる時期についても考えてみました。ジェイドは，ノエミが人生の最早期に経験していたと思われるストレスを追体験させられるような状況になると，余計に自分ですべてをやろうとし，慰めに対して拒絶的になるようだという一貫したパターンを認識するようになりました。私たちは，ノエミが愛情や身体的な親密さを明らかに必要としているにもかかわらず，ジェイドからの助けを拒絶している場面を多く目にしました。過去に実母から予測できない，あるいは恐ろしい反応をされたために，ノエミは直接注目されることに脅威を感じていたのかもしれません。

　ジェイドからの報告によると，ノエミが突然攻撃性を露わにすることは少なくなったそうです。ジェイドは，ノエミが暴言を吐いたりひっかいたりする事態に至るような，不安を生み出す状況を以前よりも予測できるようになりました。例えば日常生活のちょっとした変化，ノエミが予測できなかった出来事，さらにはジェイドの声のトーンの変化などです。ノエミの早期の成育歴を考えることは，彼女にとって何かが過剰である，あるいは安全でないと感じられるようになる背景を理解することにつながりました。ノエミが，あるときはジェイドの膝の上に座り，またあるときはさらに生き生きとした笑顔を見せて，ねんねごっこを心から楽しんだりしてジェイドに親密さを求め，それを受け入れるようになったことに私は励まされました。これらのことは，ノエミとジェイドのあいだに信頼と親密さが増してきたことを示す前向きな兆候だと思いました。

早期のトラウマと剥奪の継続的な影響

　社会的養護のもとにある子どもたちの人生の最早期，さらには出生前の経験は，通常の侵害よりも重大かつ永続的なダメージを与える場合が多いのです。言語化以前の発達段階におけるトラウマ的な感情体験によって生み出されるパターン，すなわち原初的な反復は，言葉にするのが非常に難しく，それは言語化以前の体験だけでなく「想像力以前の」体験に根ざしている可能性が高いからです。[Tiltina, 2015, p. 54]

ノエミの突然の攻撃性の表出は，何の前触れもなくいきなり起こるように思われたので，里親のジェイドは不意打ちをくらい途方に暮れていました。ノエミの予測できない突然の気分の変化は，ある極端な状態から別の極端な状態へと突然何の脈絡もなく変化する精神状態の制御不全と関連しているように思われました。しかし同時に，人生で初めて経験したことに意味づけし，言葉にする手助けを大人から受けていない幼い子どもたちのコミュニケーションには，完全に「想像もできない」何かがあるのかもしれません。通常の発達では，養育者と乳児のあいだの調律された相互作用の「ダンス」は，じきに親から赤ちゃんへの話しかけになっていきます。

　感情や考えを言葉にすることは，親が赤ちゃんに少しずつ世界を見せていくためのとても重要な方法です。たとえ赤ちゃんが言葉を理解していなくても，赤ちゃんに話しかけたり周囲の世界を説明したりすることで，赤ちゃんは慣れ親しんだ一連の活動を知ることができ，言葉と行動を結びつけることができます。気持ちについて話すことで，赤ちゃんは親がつらい感情を自分のなかで処理できるようにしてくれるということを経験できます（Daws & de Rementeria, 2015）。ノエミの早期の成育歴についてわかっていた事実から示唆されたのは，彼女が自分の情緒的状態に対応してもらったり，大人が自分に敏感性をもって話しかけてくれるのを聞いたりする経験がほとんどなかったという可能性です。ノエミの姉はそのギャップを埋めようとして身体的な面倒もいくらか見ていたようですが，6歳児にはノエミの不快感や苦痛に対処しきれなかったことが何度もあったに違いありません。

　里親が養育中の子どもと距離を置いてしまう原因には，さまざまな要因があります。バーンアウト（燃え尽き）は，多くの場合，未処理のままとなった喪失体験が繰り返されることが影響している職業上のリスクです。無関心または軽蔑するような相互作用のスタイルをもつ子どもたちによる拒絶を繰り返し経験することは，自信喪失と二次的トラウマのリスクをもたらします。里親は，自分たちが提供している養育の妥当性を認めようとしない風潮のなかで，評価されていないと感じているかもしれません。この介入のフォローアップはできませんでしたが，遊びという移行空間とそれがもたらす相

互的な喜びの経験によって，何かが解放され，養育者と子どものあいだの関係性がより温かいものになったように思えました。

おうち探し

　3歳のミゲルの親である10代のテレサとレオンに支援が試みられたのですが，十分な効果は見られず，このままでは恐ろしい経験と一貫した養育の欠如からミゲルを守ることができないとの判断が下されたことで，彼は社会的養護を受けることになりました。ミゲルの若い両親は知的な問題を抱えており，そのために赤ちゃんである息子のニーズを理解するのにも苦労していました。息子に一貫した養育を提供することは両親には難しく，ミゲルはしょっちゅうお腹をすかせていました。若い2人は赤ちゃんを連れて，さまざまな機関が提供する支援付き住宅を転々とし，ひとつの場所に留まるのは長くても数カ月でした。ミゲルは若い実母が，彼女の弱みにつけこむ男たちに怒鳴られたり殴られたりしているのを，何度か目撃していました。

　ソーシャルワーカーから提供される支援に対するミゲルの両親の反応はさまざまでした。2人は，自分たちと息子の面倒を見る上での現実的な問題を解決するための支援を，時には歓迎し，要求すらしましたが，同時に，ソーシャルワーカーに関与されるのは耐え難いとも感じていました。この家族への支援を担当するワーカーについて2人が苦情を言うと，継続的なパートナーシップを維持するためワーカーが交代しました。若い親たちの満たされていないニーズは非常に顕著であったため，立ち入られることに敏感なこの2人との関係を維持することに不安を感じていた新しいワーカーにとって，ミゲルのことまで心に留めておくことは時に難しかったのかもしれません。結果的に，ミゲルは里親養育に委託されるまでに4人の異なるソーシャルワーカーと出会いました。ミゲルは言うことをよく聞く子どもで，かんしゃくを起こしたり反抗的な態度をとったりして注意を引くようなことはしないとわかりました。

　再びホームレスになってしまうという危機の後，ミゲルは両親の同意のも

と，初めて社会的養護を受けることになりました。緊急里親が2週間ミゲル
の面倒を見た後，さらに長期の里親が見つかりました。ミゲルはこの里親家
族とうまくやっているように見えましたが，3カ月後にこの里母の父親が重
い病に倒れたため，彼女は国を離れなければならなくなりました。3歳半に
なっていたミゲルは，3番目の里親委託先に移動しました。悲しいことに，
ミゲルの新しい里親は彼女自身が深く落ち込んでおり，燃え尽きたように感
じていました。生まれたときから養育していた女の子の赤ちゃんが2年前に
突然連れて行かれてしまい，その喪失体験からいまだに立ち直れていなかっ
たのです。

　この里親のもとでは，十分な身体的養育が行われていましたが，ミゲルに
愛情や刺激を与えることはできませんでした。ミゲルは十分な食事を与えら
れ，清潔な服を着ていましたが，一日の大半は壊れたおもちゃをいくつか与
えられてテレビの前に放っておかれていました。ミゲルの担当ソーシャル
ワーカーは難しいジレンマに直面していました。彼女はミゲルにこれ以上委
託先の変更を経験させたくはありませんでしたが，彼が赤ちゃんのときに経
験した情緒的なネグレクトを再び経験していることが彼女の目に明らかだっ
たのです。

　私の関わりは，このソーシャルワーカーとの協議から始まりました。その
協議の場で，ミゲルの人生の主な出来事や変化を年表にまとめ，一連の観察
と訪問を計画しました。里親宅にいるミゲルを訪問すると，そこにはがっし
りした体格の表情の乏しい子どもがいました。ミゲルは居間で半分しぼんだ
サッカーボールをけだるそうに蹴り回し，時折大きなテレビ画面をちらりと
見ていました。まだ3歳だとはとても信じられませんでした。ミゲルと里親
とのやりとりはほとんどありませんでしたが，里親が母国のスパイスで作っ
たスープを与えると，ミゲルはむさぼるように食べて，私に「僕これが大好
きなんだ」と言いました。私はミゲルから，自分の環境にある良いものを何
でも取り入れる能力が非常に高い子どもだという強い印象を受けました。ミ
ゲルは私の存在を受け入れてくれて，2回目と3回目の訪問では，低い声で
単調な独り言を言いながら，私が持参したおもちゃで遊び始めました。その

独り言を聞いて，ミゲルはひとりぼっちでいることにすっかり慣れっこなのだと悲しい気持ちになりました。

　ミゲルが通う保育所の職員たちは，ミゲルが里親から紹介されることもなく預けられた初日から彼のことを心配していました。ミゲルが自分のことを「悪い子」と呼んで自分の頭を殴っているところを担当ワーカーが目にしたため，職員たちはソーシャルサービスに連絡しました。孤立と孤独のなかで，ミゲルは人生で失ったものを，おそらくは母親の落ち込みまで自分のせいにしているように見えました。ミゲルのウェルビーイングに関する差し迫った懸念があったにもかかわらず，ミゲルのことを考えたり心に抱えたりすることができないように思われました。社会的養護のもとにいる子どもが保育所に通い始める際に専門家のあいだで行われる通常の会議には，あらゆる種類の遅れが生じました。ミゲルを取り巻くネットワークは，ミゲルのことを考えることも意見交換することもできず，まるで実母の子育ての妨げとなった知的障害が，いつの間にかネットワークにそっくり再現されてしまったかのようでした。

　一連の観察はミゲルの養育計画を裏打ちするのに役立ち，また，数週間後にミゲルの担当ソーシャルワーカーが退職したため，ソーシャルワーカーの交代があった際にも役立ちました。数週間後，ミゲルが受けていた養育の質にほとんど変化が見られていないことが明らかになり，ミゲルが必要とする養育と愛情を与えることができる夫婦のもとに彼を移動させる決断が下されました。アレハンドロとルシアナに改めて里親委託がなされてから2週間目に，私はミゲルを訪ねました。里親家庭の雰囲気は温かく，友好的でした。アレハンドロとルシアナは，早くから，ミゲルが「いい子過ぎる」という心配を私と共有していました。2人は，ミゲルが自分たちに非常に気を遣っているように思えるので，彼が何を必要とし，何を望んでいるのかはなかなかわからないのではないかと心配していました。しかし，すでに最初の何回かの訪問で，ミゲルは私の目から見ても前より子どもらしくなっているように見えました。ミゲルの表情には以前ほど張りつめた用心深さが見られなくなり，彼は家族の食事の支度をするアレハンドロの様子を一心に見ていまし

た。この移動の後，ミゲルが自分自身を殴る姿は見られなくなったと聞きました。アレハンドロもルシアナも，ミゲルと一緒に床でおもちゃの車で遊んでいました。2人は，この車遊びが非常に長くて複雑なものになっていることに気づき，ミゲルが愛情あふれる里親家庭にやってくるまでに辿った道のりについて何かが再演されているのではないか，と私に言いました。

　長引いていた養育手続きは，ミゲルを養子縁組させるという委託命令で終了しましたが，もうすぐ6歳になろうとしていたミゲルを養子にしようと名乗りを上げる家族はありませんでした。ミゲルの養育計画が養子縁組から長期里親養育に変更になったときには，ミゲルがアレハンドロとルシアナと一緒に暮らすようになってから8カ月が経っていました。ミゲルは面倒見がいのある子どもで，里親家庭のなかでとても大切にされていました。ミゲルはその幼い人生のなかで多くの混乱を経験しながらも，誰かが自分の親になってくれるという考えを心の中に抱き続けることができました。ミゲルは早期の養育が何度も混乱し，里親委託のための移動が繰り返されたにもかかわらず，感情的に関わることが可能な状態を保ち，里親からの助けを受け入れることができたのです。良いことを取り入れ，情緒的経験を雄弁に伝える能力は，ミゲルの豊かな内的資源であり，この能力のおかげで，彼は深刻な剥奪があった時期にも前進し続けることができたようでした。

　私がミゲルのことを心に抱え，細やかな視線を注ぎながら，ミゲルが委託される先々へ訪問を重ねたことも，彼が心理的に生き延びる助けになったのかもしれません。遊びに焦点を当てたことは，ミゲルと新しい里親たちがお互いのことを知るのに役立ったと思われますが，同時に，委託に伴う移動や担当者の変更が繰り返されたため，連絡をとることになったさまざまな専門家たちとつながる手段ももたらしてくれました。この介入は約1年間続けられました。アレハンドロとルシアナは，ミゲルの親であるテレサとレオンとも友好的かつ支持的な関係性を築くことができ，彼らをミゲルと一緒の食事や交流ピクニックに招きました。定期的に訪問する一貫したひとりのソーシャルワーカーが，ひとりの子どもに，とても重要な連続性を与えることができたのです。

さまざまな局面を経て進行し，入れ替わる里親やソーシャルワーカーとの連携を必要とする長期的な作業は，社会的養護のもとにいる子どものためのメンタルヘルス・サービスが担っている役割の一部でもある，より短期的な介入の助けにもなります。次に紹介する短期介入では，初めて里親になった人が，自分の養育に委ねられたトラウマを抱えた子どもにとって，自分が重要で親密な存在になりうるのだと感じることがどれほど難しいことだったのかを教えてくれました。

実親家族の養育に戻る子ども

　WMPアプローチは短期介入と長期介入の両方を下支えすることができます。暫定的な里親委託先から別の里親委託先へ，そして最終的には養父母や特別後見人，あるいは実親や親族里親といった永続的な受け入れ先へ，子どもをフォローすることができた事例もあります。
　サミュエルは母方の大おばとの特別後見に関する取り決めが3年後に破談になったとき，社会的養護を受けることになりました。サミュエルがどのような経緯で大おばと暮らすことになったのか，またなぜその委託が終了したのかを知ることは困難でした。私たちにわかっていたのは，サミュエルの10代の実母がガーナに帰ってしまったこと，そして実父は家族との接触を断っているということだけでした。サミュエルは内気な4歳児で，小声で話し，ことあるごとに「お願いします」や「ごめんなさい」や「ありがとう」を言う子どもでした。サミュエルは，思慮深い里親のリーから身体的な慰めを受けることを避けていました。2回のWMPのセッションとそのあいだに行われた電話サポートの後，ひとつの変化が見られました。私の同僚は，サミュエルが遊び始めるとすぐに次にどんなことができるか，リーがあれこれと提案していることに気づきました。彼はとにかく，サミュエルに何かを与えたくてその方法を見つけようとしているようでしたが，それが知らず知らずのうちに押しつけがましくなっていたこともありました。リーが一歩身を引くことができるようになり，そうすることでいかにサミュエルがもっと自由に

遊べるようになるかを理解し始めたとき，サミュエルの新しい一面が現れ始めました。今ではサミュエルはおもちゃの動物たちを戦わせたり，スナップ (Snap)[25] で勝っているときに叫んだり，動揺するとリーの膝に乗せてほしいと頼んだりできるようになりました。リーは，サミュエルが生き生きとしてきて，「小さな大人」から「4歳児」になったように感じました。彼はサミュエルが以前ほど従順ではなくなったことで養育が大変になってきても，彼の世話をすることを以前よりもずっと楽しむようになりました

　サミュエルの父方のおじであるトニーとその家族がサミュエルを引き取ろうと名乗り出て，養育手続きが再開されました。トニーと家族はアセスメントを受け，里親家族とトニーの家族が互いを知るために2カ月にわたって顔を合わせる紹介期間を経て，サミュエルはトニーの家庭に委託されました。監督令は1年間有効で，私たちはさらに3回のWMPセッションを提供することができました。リーはサミュエルがトニーの家庭に移る前に，自分の経験をトニーと分かち合っていました。リーは最初の頃サミュエルの遊びをより良いものにしようとたくさんの提案をしていましたが，初めてのWMPセッションでのトニーの反応は，また少し異なるものでした。トニーは遊びの登場人物は誰なのか，どこに行くところなのか，なぜそれが起きているのか，とたくさんの質問をしたのです。私はトニーとのセッションで，サミュエルが質問されるたびに自分のやっていることを止め，注意深くトニーの方を見て静かに別のことをし始めることに気づきました。私はトニーに，サミュエルが話した少数の言葉を単純に繰り返し，そこに自分の言葉をいくつか加えて，サミュエルの遊びのなかに自分が見たものを描写するようにすれば，サミュエルにとってどんなことが起きているのかが，もっと見えてくるかもしれないと提案しました。「誰が」「何を」「どこで」「なぜ」といった疑問詞で始まる質問を避けたことで，サミュエルは言葉にできない何かを遊びのなかで表現しやすくなったようでした。その後，サミュエルはおもちゃの電話機のところへ行き，トニーに電話をかける振りをしました。ところがト

---

[25] 英国生まれの簡単なカードゲーム。

ニーが親しみをこめて「もしもし？」と電話に出るたびに，サミュエルは無言のままだったりガチャンと電話を切ったりするのでした。トニーは当然のことながら，この遊びを不快に感じました。しかし励ましを受け，次に何が起こるのかを見てみるために，そのまま遊びを継続させることができました。しばらくするとサミュエルはティーセットに興味を示し，トニーに「紅茶」を何杯か振る舞いました。トニーはサミュエルが「電話をガチャンと切った」り無言のままでいたりしたときは，かなり頭にきて遊びを止めさせようかと思ったと話していました。しかしサミュエルが紅茶のカップをトニーに差し出したとき，トニーはある意味で報われているように感じ，何か良いものをもらった気がしたそうです。

　私たちは大おばの養育を受け始める前のサミュエルの人生早期の経験と，委託が破綻するまでサミュエルが大おばと送った生活について，一緒に考えました。サミュエルが初めてリーと一緒に暮らすようになったときのサミュエルの慎重で非常に礼儀正しい行動は，サミュエルが大人に多大な気を遣うことを早くから学んでいた可能性，そしてサミュエル自身のニーズや希望はしばしば後回しにされていた可能性を示唆していました。この短期介入では，遊びと注目に焦点を当てたことがサミュエルと里親，そして後におじがお互いのことを知っていくのに役立ったように思われます。また，サミュエルが毎日リーと一緒に 20 分間 WMP をすることに慣れていたこと，そしてトニーがサミュエルを養育するようになってから少なくとも最初の数カ月間は同じルーティンを継続できたことが，サミュエルにとってのもう一本の「連続性の糸」となったのでした。

「私は彼女にとって重要なのでしょうか？」

　エイミーの実母は妊娠 20 週目の出生前アセスメントで，胎児へのリスクが養育命令のレベルに達していることがわかりました。過去 9 年のあいだに 4 人の子どもが保護され，その後養子縁組されていました。リスクは山積しており，それは実母自身のメンタルヘルスの問題や物質乱用，そして暴力的

なパートナーたちとの相次ぐ虐待関係に起因していました。実母はエイミーを妊娠中に，過去に彼女に暴力を振るっていたパートナーのひとりと復縁していました。実父には薬物犯罪，ドメスティック・バイオレンス（DV），警察官への攻撃で有罪判決を受けた経歴があり，エイミーが生まれたときには刑務所に入っていました。

エイミーは胎内でヘロインとアルコールに曝されていました。エイミーを妊娠していた時期に実母のストレス要因となっていたのは，DV，度重なる引越し，エイミーの実父の有罪判決などでした。実母はうつ病も患っており社会的に孤立していました。パートナーの支配的で時に威圧的な行動のせいで，彼女は家族や友人と疎遠になっていたのです。

エイミーは里親に委託されるまでの3週間，ヘロイン離脱のために入院して病棟看護師たちに世話をしてもらいました。親族のなかに親族里親としてアセスメントを受けようと名乗り出る人は誰もいませんでした。ドナはエイミーの里親になった翌日，生後3週間のエイミーを連れて90分かけて地方自治体の交流センターに行き，実母と監督下での交流をしなければなりませんでした。このような実母との関係性を維持する目的で家庭裁判所から命じられた交流は，週に4回行われました。

出生時に社会的養護につながったことで，エイミーはDVや身体的虐待に曝される可能性からは守られ，安全で清潔な環境のなかで適切な身体的養育を受けられました。主な養育者の交代は実母から里親への1回だけでしたが，入院中は複数の看護師に世話をしてもらい，生まれてから最初の数週間で，交流スーパーバイザー，エイミーの担当ソーシャルワーカー，里親のスーパーバイズ・ソーシャルワーカー，里親の身内なども含め，この発達段階にある子どもが通常出会うよりも多くの大人と出会っていました。実母との交流は週4日，1日5時間の外出を意味していました。そのため，里親がエイミーと一緒に安定した日常生活を送ることが難しくなっていました。また，実母との交流は，エイミーが里親からの養育と実母からの養育という，異なるスタイルの養育を経験することも意味していました。

エイミーが生後5カ月のとき，耳をつんざくような甲高い声で泣き叫び続

けることと，急な気分の変化についての懸念が表明されました。私が里親委託先を訪問したとき，近くの大きなテレビから聞こえてくる音が邪魔になって，心配事について話しているドナの声を聞き取るのに苦労しました。私は，エイミーが電池式のおもちゃに囲まれていて，彼女がボタンを押すとやたらとうるさい音がしたり，ライトが点滅したりしていることに気がつきました。私は，特に大きな音がしたときに，エイミーが何度もドナのいる方をちらっと見て，ドナがよそを見ていると視線を落とすことに気づきました。それが続くとエイミーの顔は青白くなり，手足はこわばっていくように見えました。私はドナは，自分の存在と注目がエイミーにとって重要だという自信を失ってしまったのではないか，あるいは，そのような自信を一度ももったことがないのではないかと思いました。

これは短期間の介入であり，私はドナと彼女をサポートしているスーパーバイズ・ソーシャルワーカーと一緒に，エイミーが彼女の高い覚醒レベルを調整できるように，そしてドナがエイミーのシグナルに波長を合わせることができるようにするには，何が助けになるのかを考える機会を得ました。また，その後の6週間，ドナとエイミーの担当ソーシャルワーカーに対して電話でのフォローアップを行うことができました。

私はドナに，時々はテレビを消し，機械的なおもちゃを片づけることを考えてみてはどうかと勧めました。私はドナと一緒にあれこれ思い巡らし，病院にあったあらゆるテクノロジー機器のせいで，エイミーに必要なのは電子玩具なのだとドナは感じてしまったのではないかと考えました。また，交流センターへの長時間の移動が，ドナにはとてつもない負担となっているようでした。ドナはおそらくこのような形で，実母のストレスによって早期の発達が損なわれたエイミーと同一化していたのです。

一緒に省察し，ドナが提供できる養育を確認していったことは，彼女がエイミーを腕のなかに抱きしめ，静かに話しかけたり歌を歌ってあげたりし，素早く変化するエイミーの表情を観察して理解していくことができるような，より静かな環境を整える一助となったようでした（American Academy of Pediatrics, 2012)。1回に10分から20分程度，定期的にエイミーだけに注目

するようドナを励ましたことで，心配になるほど引きこもっていた幼い子ど
もに自分が何か大切なもの，成長を促すようなものを与えることができるの
だというドナの信念が強まりました。ドナはエイミーが，いつ遊ぶ準備がで
きていて，いつ休む必要があるのかを見極めることに関して，以前よりも自
信をもてるようになりました。また，エイミーも今では自分に注目してくれ
ている養育者に，より明確なシグナルや手がかりを送ることができるように
なりました。

　遊びによって生み出される移行空間のなかで，慣れ親しんだ反応を繰り返
し受け取ることは，フランセス・タスティン（Frances Tustin）が「安全の
リズム」（1986; Winnicott, 1951 も参照）と呼んでいる経験をもたらしてくれま
す。ドナは彼女のスーパーバイズ・ソーシャルワーカーに，エイミーのこと
をそれまでとは別の方法でわかるようになってきたと感じている，と報告し
ました。エイミーがドナの注目を求め始め，ドナがエイミーに話しかけて反
応を待っているとき，エイミーの長い凝視がゆっくりとした微笑みにとって
代わられるようになると，楽しい相互作用が報告されるようになりました。
ドナはエイミーのストレス要因を認識し始め，自分はエイミーの気分の変化
を以前よりも予測できると感じられるようになり，またエイミーが動揺して
いるときに彼女をなだめることにもっと自信をもてるようになりました。

アセスメントの一環としての「ウォッチ・ミー・プレイ！」

　WMP アプローチは，子どもの遊びを直接かつ詳細に観察した結果を共有
することが，専門家ネットワークや養育手続きに何か生き生きとしたものを
もたらしてくれる，という経験から生まれました。このアプローチがうまく
いかない場合には，子どもや養育者との直接的な関わりを始める前に，子ど
もを中心としたチームを作る努力が必要になるかもしれません。WMP はま
た，より広範な専門的介入が必要な場合――例えば，子どもに与えられてい
る養育に情緒的な受容性や温かさが不足している場合――を見極めるのにも
役立ちます。この章の前半でミゲルの里親家庭での経験を紹介しましたが，

そこでは十分な身体的養育が提供されていたものの，健全な発達に必要な応答的な養育が不足していました。里親には支援が提供されましたが，一定の期間を経てもほとんど変化が見られなかったため，非常に不利な境遇に置かれた幼い子どものニーズにより積極的かつ敏感に対応できる里親のもとへ，十分な準備を行った上でミゲルの移動が計画されました。

　より広範な多職種介入が必要となるもうひとつの複雑な状況として，子どもを実親から引き離さなければならないほどの重大な危害が子どもに加えられた証拠があるにもかかわらず，マルトリートメントが完全に否定されている場合があります。否定されると子どもは代替養育を受け入れることが難しくなり，理解される可能性も失われます。マルトリートメントを受けた子どもが危害を加えたことを否定する実親と頻繁に交流している場合には，メンタルヘルスに深刻な影響を及ぼしかねない解決困難な対立に曝され続けることになります。そこから子どもを守るために，法的助言とともにソーシャルワーカーによる実親への働きかけが必要となるかもしれません。里親委託や実親との交流は，実親が子どもの社会的養護の必要性を受け入れ，自分たちにとってそれがどれほどつらいことだとしても里親をサポートすることができたときに，子どもに良い影響をもたらす可能性が最も高くなります（Neil & Howe, 2004）。それが難しい場合，折り合いのつかない忠誠葛藤が子どもたちの心を悲惨なまでに引き裂き，子どもたちは里親からの養育と愛情を受け入れることができなくなってしまうことがあります。

トラウマ，遊び，そして回復

　多くの子どもたちは大人からの一貫した信頼できる注目に対して，生き生きと想像力豊かに，そして雄弁に応えます。しかし子どもたちが早期に経験した状況について伝えている，語ることのできないコミュニケーションのインパクトを調べるには，時間と努力が必要です。里親やソーシャルワーカーが，落胆させられたり矛盾した反応を子どもから受けたり，二次的なトラウマを引き起こしかねないようなストレスが蓄積されたりしても，自分たちに

委ねられた子どもに手を差し伸べ続けることができるようにするためには，熟練した敏感性のあるサポートが必要です。子どもの遊びに注目することに焦点を当てると，子どもと養育者を取り巻くチームをひとつにまとめることができます。あるソーシャルワーカーは，子どもとの関わりのなかで，その子どもの早期の経験について，非常に動揺した感情に触れることになりましたが，「共に働くことで，未来への希望をもてるようになった」と振り返っています。大人が子どもの経験の現実を見ることができれば，その子どもは苦痛をひとりで抱え込まずに済むようになり，その子どものトラウマの影響は緩和されるのです。

　本章で紹介した事例研究では，遊びへの焦点は時に希望を見出すのが難しかったところに希望をもたらし，また，幼い子どもが経験した苦痛の現実を専門家たちが圧倒されずに受け止めるための一助にもなったように思われました。マクファディン（McFadyen. 1994）が新生児ユニットでの仕事に関連して述べているように，観察的アプローチは批判的・迫害的な方法ではなく許容できると感じられる方法で，子どもの発達と心理的なニーズについての思考を統合する機会を提供してくれます。団結した専門家の集団として共に考えることによって，幼い子どもたちが社会的養護につながるきっかけとなったトラウマの現実と，その深刻さを受け止めることのストレスや痛みを調整しやすくなります。さまざまな形でトラウマの影響が現れるのを見るのと同時に，子どもの発達や関係性における前進を示す希望に満ちた兆候に気づくこともできます。勇気づけられるような小さな前進と，いまだに回復を阻んでいる可能性のある困難の両方を認識することで，子どもが直面している逆境とその子どもがもつ強みをより統合的に理解することができます。このようにして，観察に基づいた省察はいっそう統合された心の状態をネットワークにもたらし，専門家たちが現実にしっかりと根ざしながらも想像力豊かで希望に満ちた状態でいるための助けとなるのです。

第7章

「ウォッチ・ミー・プレイ！」アプローチの実践で考慮すること

　第6章で紹介した事例が示しているように，「ウォッチ・ミー・プレイ！(Watch Me Play!)」（以下 WMP）は柔軟なアプローチで，子どもたちに「自分は心に抱えられている」と感じさせることができます。これは通常の子育ての基本的な側面ですが，社会的養護のもとでの生活では不安や不確かさによって損なわれていることがあります。注目と遊びは相補的なものです。温かく関心をもって観察することで，子どもの遊びは促進されます。子どもの遊びがより集中度の高い意味のあるものになると，大人は子どもが伝えてくるメッセージを記憶したり，考えたりしやすくなります。子ども主導の遊びの環境を提供することで，子どもに手を差し伸べて情緒的な交流を図るべきときと，子どもがつながりをもてる心の状態になるまで利用可能な状態を保ち，関心を向けながら一歩下がって見守るべきときを見極めることを子どもから学ぶことができます。遊びのなかで子どもが伝えてくるメッセージを細やかに観察することで，専門家たちは養育計画にコンテインや子どもに焦点を当てた視点をもたらす省察ができるようになります。あるソーシャルワーカーがコメントしたように，「『WMP』は，ソーシャルワーカーが子どもの目を通して世界を見るのに役立つ」のです。

　WMP では養育者がその子どもだけに注目するなかで，子どもが主導する遊びが促されます。週に2回以上，1回20分程度の定期的な遊びのセッションのルーティンを確立することを目指します。またこのアプローチでは，二種類の話し方があります。一つ目は子どもが遊びのなかで何をしてい

るのかを子どもと話すことです。これにより感情や考えを言葉にすることができます。二つ目は子どもの遊びについて他の大人と話すことです。これにより，養育者が子どもと一緒にいる経験を通して発見したことや感じた喜びや心配について，一緒に考えることができます。乳児期の最早期に一貫して心に抱えてもらえなかった子どもは，他の人びとのなかに生々しい感情や予測不可能な感情，あるいは考えるのが困難な感情を呼び起こすことがあります。里親仲間や家族，ソーシャルワーカー，または臨床家と観察を共有し，つながりを作り，発達を祝い，あるいは思いがけない出来事について知恵を出し合って考えることは，このような感情のインパクトを調整するのに役立ちます。

　タビストック・クリニックの資金提供を受けたプロジェクトにおいて，私はソーシャルワーカー，里親，交流スーパーバイザー，メンタルヘルスの臨床家といった専門家たち，そして英国全土の養親たちと一緒に WMP アプローチについて話し合いました（Wakelyn, 2018, 2019）。本章の実践ガイダンスは，このときのワークショップやフォーカス・グループで行われたディスカッションに基づいています。

　参加者のあいだで広く一致していたのが，社会的養護のもとにいる乳幼児への早期介入が必要であるという認識です。それは「子どもが 7 歳，8 歳，9 歳，あるいは 17 歳になって問題を起こすまで何もしないのではなく，できるだけ早期に介入した方がよいということを，あらゆるエビデンスが示唆しています」というものです。精神的・社会的困難を経験した乳幼児のためのアドボカシー（権利擁護）もまた，代替養育システムに関わる専門家たちの仕事の一部として認識されています。ある参加者は，「彼らは忘れ去られた存在なのです」と辛辣にコメントしました。別の参加者は，職種や地域を超えて広く認識されている，乳幼児の情緒的生活を無視していることについて述べました。「人はみな，赤ちゃんの情緒的状態についての質問には，『該当なし』と回答するのです」。

　専門家も養親も，子どもたちが WMP で自分自身を表現し，選択をし，自己主体感を養う機会をもつことを歓迎しました。それは「遊びは，子どもが

ある程度コントロールできる唯一の領域なのです」というものです。遊びに焦点を当てることは，「価値があるのにあまりにも見落とされがち」なことだと確認されました。乳幼児保健の臨床家たちは，観察と遊びの中心的な主題は彼らが受けたトレーニングの主眼だったにもかかわらず，社会的養護のもとにいる子どもたちの複雑な文脈のなかで改めて発見したり検討したりする必要があった，とコメントしています。別のソーシャルワーカーは「ルーティンには注目していますが，遊びになるといつも注目は途切れてしまいます」と述べています。養育者が指示したり教えたりするのではなく，子どもが主導する遊びに焦点を当てることが重要なのだと感じました。ある養育者は，「介入しないことで，遊びを通して子どもが物語を語るようになるのです」とコメントしています。また，子どもと養育者の関係性のなかでお互いに楽しむことが増えることの重要性について，あるソーシャルワーカーは次のように強調しています。

　このことによって，里親は子どもと一緒にいることをもっと楽しめるようになります。里親は自分が主体的に関与していると感じることができ，子どもは自分が望まれていると感じることができるのです。子どもは，里親が単にそれが自分の仕事だからやっているわけではない，と感じることができるようになるでしょう。

遊びの環境作り

　遊び心（playfulness）は発達の各段階で異なる形をとります。最も幼い乳児は親や養育者との一対一の相互作用のなかで，全身全霊で周囲に注意を払っている状態になり，お互いに相手をよく見ています（Daws & de Rementeria, 2015; Murray & Andrews, 2005）。乳幼児期のもっと後期になると，「お庭をぐるぐる（Round and round the garden）」，「ケーキをこねて（Pat-a-cake）」，「じゃがいもひとつ，じゃがいもふたつ（One potato, two potatoes）」[*26] など楽しさと笑いを生み出すふれあい遊びは，早期の経験が恐

ろしいものであったかもしれない子どもに，安全で予測可能な身体的接触の時間をもたらしてくれます。いないいないばぁやかくれんぼなど多くの場合，自然に展開するふざけ遊びでは，大人の反応や，後に話者交替や自己調節や社会的関係において重要になる，行き来する経験を，探索することができます（Reddy & Mireault, 2015）。

　探索的な遊びや散らかすことや物事を「間違える」ことは，子どもが自分の環境について学び，後の正式な学習の土台となる協調やコミュニケーションのスキルを身につけるための重要な方法です。マインド−マインディドネスの研究では，意味を考えることで子どものコミュニケーション能力や学習能力が高まることが実証されています。最初に発した音や見せた身振りに何らかの意味があると養育者に考えてもらった子どもは，5歳になるともっと多くの言葉を覚えるようになります（Meins & Fernyhough, 2010; Meins et al., 2003）。

　遊びのルーティンを確立するには，事前に時間を確保し，テレビを消し，携帯電話やパソコンやタブレットなどを片づけ，子ども主導で遊ぶための静かな空間を用意する必要があります。また，遊びのセッションが終わる数分前には子どもにそのことを告げ，子どもが次回を楽しみにできるような形でセッションを終わらせる方法を考えておくことも重要です。里親や養親たちは，子どもが自分の遊びに注目してもらえる機会を定期的にもてるよう，管理しやすく現実的で一貫したルーティンを作ることが重要だと述べています。短時間のルーティンを週に数回のペースで続ける方が，がんばりすぎてルーティンを設定して続けられなくなるより有益なのです。

　子どもによっては，自由な遊びの機会が，長いことため込んできた感情の発散の場になるかもしれません。そして発散されるもののなかには，攻撃性や圧倒されるような混乱といったものもあるかもしれません。養育者は子どもの遊びを受け入れ，見て感じたことや考えたことを別の大人（家族，別の養育者，保健師，ソーシャルワーカーなど）と話し合うことが奨励されてい

＊[26]いずれも小さな子どもと一緒に行う手遊び。

ます。遊びが見ていて不快に感じられたり動揺させられたりするようなもの
で，時間が経っても変化が見られない場合には，専門家への相談を検討した
方がよいでしょう。養育者のなかには，幼い子どもに対して自分が，教える
役割をより担っていると感じている人もいるかもしれません。その場合，子
どもに主導権を握らせて自由に探索させることは難しく感じられるかもしれ
ません。トレーニングやサポートセッションでは，後の学習に必要となるス
キルの土台を作る想像力豊かな遊びや探索の価値について，子どもの発達研
究に基づくガイダンスを受けることができます。

実践での「ウォッチ・ミー・プレイ！」の導入

　WMP はさまざまな形で導入することができます。ガイダンス用のリーフ
レットの内容（例としては，図 7-1 および 7-2 やマニュアル［Wakelyn, 2019］を
参照）について，研修，会議，健診などの場で，里親たちと話し合うことが
できます。里親は子どもの担当ソーシャルワーカーからだけでなく，スー
パーバイズ・ソーシャルワーカーやピアサポート・ネットワークからもサ
ポートを受けることができます。保健師は家庭内で親や養育者を支援するこ
とができるかもしれません。

おもちゃや遊び道具

　遊べない，またはおもちゃを投げたり壊したりすることが主な遊びとなっ
ている多くの子どもたちは，静かな空間に身を置き，養育者に細やかな視線
を注がれながら，自分の発達レベルに合ったおもちゃを与えられることで持
続的に遊ぶ能力が高まります。マルトリートメントを受けた子どもたちはそ
うでない子どもたちと比べ，自分の思考過程を見つけて，それに従うことや
ひとつの活動に集中することが難しいかもしれません。小さな木製の人形，
動物，ティーセット，電話など，想像力を働かせるシンプルなおもちゃを用
意してあげるとよいでしょう。発達障害の可能性がある子どもは一日の大半

なぜ遊びが大切なのでしょうか？

　遊びたいと思うことは誰にとっても自然なことです。その点では赤ちゃんも，成長期の子どもも，大人も，誰もが同じなのです。

　一緒に楽しむことは大切です。しかし，遊びは楽しいだけではありません。赤ちゃんは大人の顔を見たり，声を聞いたりすることで，学び始めているのです。

　遊ぶとき私たちは次のことを学びます。

> 探索すること
> 注目すること
> 集中すること
> 注意を払うこと
> 人の真似をすること
> 新しいことを試すこと
> 同じことを何百回も繰り返すこと
> 自分の気持ちを知ること
> 自分以外の人を知ること
> 自分たちに何ができるかを知ること
> 交代すること
> 「ふり」をすること
> 待つこと
> 想像すること
> ……

　一緒に波調を合わせ，リラックスして楽しむことは，赤ちゃんや子どもが健康で安心して成長するための助けになります。これは親や養育者にとってもよいことです。一緒に遊ぶことは，一緒に成長することでもあるのです！

図 7-1

をテレビや携帯電話，パソコンなどの画面から離れて過ごすことが大切です。電池式のおもちゃは刺激が強すぎて，特に，幼少期の経験によって過敏

```
┌─────────────────────────────────────────────────────────────┐
│           「ウォッチ・ミー・プレイ！」のための7つのヒント           │
│                                                               │
│  • 子どもの遊びを見守りましょう。子どもからいろいろなアイデアがえ    │
│    られます。                                                   │
│  • 子どもとの「特別な遊びの時間」を定期的に作りましょう。           │
│  • 子どもが想像力を働かせることができるシンプルなおもちゃを用意    │
│    しましょう。                                                 │
│  • テレビやタブレットのない静かな遊び場を用意しましょう。          │
│  • 一緒に歌を歌って，子どもが新しい活動に移るのを手伝ってあげま    │
│    しょう。                                                     │
│  • 子どもの絵を特別な場所やフォルダに保管しましょう。             │
│  • 一緒に遊ぶのが難しいと感じる場合は，家族の他の大人か，保健師に   │
│    話してみましょう。                                           │
│                                                               │
└─────────────────────────────────────────────────────────────┘
```

図 7-2

になっていて，無意識のうちに脅威がないか常に周囲を警戒しているような子どもは気が散ってしまいます。

　図 7-3 のリストではいくつかの提案をしています。遊びでは時にはわずかな変化をつけて，時にはまったく同じ形で，同じことが何度も何度も繰り返されることがよくあります。このような繰り返しは，最早期の人間関係のなかで，大人の注目を引かぬよう静かにしていることを学習した可能性のある乳幼児のシグナルに気づき，それを拾い上げるのに役立ちます。これらのシグナルに愛情と一貫性をもって応答することで，大人と安全に関わるという新しい経験を子どもたちにさせることができます。

「ウォッチ・ミー・プレイ！」はどのように役立つのでしょうか？

　WMP アプローチは，一時的に里親に預けられている幼い子どもたちのニーズに対応するために開発されたものですが，他のさまざまな文脈でも用いることができます。このアプローチは逆境体験のある子どもたちや，ニー

```
┌─────────────────────────────────────────────────────────┐
│         「ウォッチ・ミー・プレイ！」のためのおもちゃ              │
│                                                           │
│   子どもが自分自身を表現したり，気持ちや考えを伝えたり，想像の世  │
│ 界を探索できるようなシンプルなおもちゃは，電池式のおもちゃや電子  │
│ 機器よりも創造的な遊びを促し，発達やコミュニケーションの幅を広げ  │
│ ることができます。以下は有用なおもちゃのリストです。            │
│                                                           │
│         箱，容器，木製のスプーン                             │
│         赤ちゃんの人形，テディベア，ぬいぐるみ                 │
│         ドールハウスと家具，木製の人形                        │
│         おもちゃの動物                                     │
│         おもちゃの電車，プラスチック製の乗り物                 │
│         小さな毛布またはラグ，枕またはクッション               │
│         工作用の粘土                                       │
│         おもちゃのティーセット                              │
│         おもちゃの電話                                     │
│         たくさんの画用紙（Ａ４またはＡ３）                    │
│         ハサミで切ったり折ったりするための色画用紙             │
└─────────────────────────────────────────────────────────┘
```

図7-3

ズを理解するのが難しい子どもたちへの第一選択の介入として有用です。また，より集中的なアセスメントや介入が必要かどうか判断したり，養育者側のサポートや研修の必要性を見極めたりするのにも役立ちます。Tavistock/First Step のウェブサイトで公開されている WMP のマニュアルを用いれば，さまざまな文脈でこのアプローチを評価することが可能です（Wakelyn, 2019）。

　里親たちは子どもたちの遊びのスキル，気分，行動に改善が見られたと報告しています。また，養育中の子どもの感情や行動を理解することに前よりも自信をもてるようになったとも述べています。このアプローチはより広範な文脈でも有用だということがわかっています。母子委託から自立した若い母親は，１歳８カ月の息子が毎日の WMP のルーティンにいったん慣れる

と，彼女との遊びのセッションをとても楽しみにするようになったとコメントしています。また，里親養育の期間をへて2歳の息子が戻ってきたある母親は，3週間の定期的な子ども主導の遊びのセッションを設けた後，息子が前よりも落ち着いたと述べています。彼の遊びはより持続的になり，ずっと長時間集中する姿が見られるようになったといいます。WMPは養子縁組や特別後見へ移行中または移行後の子どもたちに，連続性をもたらすひとつの有効な方法でもあります。

「ウォッチ・ミー・プレイ！」における臨床家の役割

　観察のトレーニングを受けた乳幼児のメンタルヘルスの臨床家は，子どもが自由に遊べる環境を用意し，子ども自身に遊びを主導させるよう養育者に促すことで，家庭やクリニックでWMPアプローチを取り入れることができます。WMPセッションの頻度や回数は，子どもや養育者の状況に合わせて調整できます。2〜3回のセッションで前向きな変化が見られたと報告する親や養育者もいますが，はっきりとした変化が見られるまでに6〜8回のセッションが必要な場合もあります。子どもと養育者にとって満足のいく遊びのルーティンを確立できない場合や，6〜8回のセッションを受けても変化が見られない場合はより集中的なアセスメントと介入が必要になるでしょう。

　WMPにおける臨床家の中心的な役割は，養育者の横で一緒に観察し，養育者の観察に興味を示し，セッション中は子どもと養育者に，そしてセッション後は養育者に敏感にフィードバックすることで，養育者の観察を手助けすることです。特に強い情動的な反応が起きた瞬間に気づくことが，子どもの遊びの特定の側面を認識する助けになります。それらの側面についてさらにじっくりと考えることは，とりわけ有用かもしれません。セッション後に養育者と一緒に対面や電話で振り返る時間をあらかじめ設定しておくと，そのような瞬間について再考し，一緒に話し合う機会になります。このように，子どもの遊びを観察した結果や，子どもが遊んでいるあいだ一緒にいる

という経験について振り返ることで，感情や意味を考えることの価値を評価する文化を専門家ネットワークのなかに生み出すことができます。

　定期的にその子どもだけに注目することは多くの養育者にとっては自然のことですが，最初は不必要に思えたりやる気や自信を奪われたりする人もいるかもしれません。遊びの方向性を決めるのではなく子どもの想像力とアイデアに心を開いていることは，一部の養育者にとってはまったく新しいスタンスになるかもしれません。子どもと一緒にいる別の新しいやり方に慣れ，それを楽しむまでには少し時間がかかるかもしれません。ある研修会に参加した養育者は，箱の中のおもちゃを全部出して子どもにそれを見せて選ばせたとき，いかに開放感を味わうことができるかを話していました。養育者は，臨床家，あるいはその子どもに関心のある別の大人に一緒にいてもらうことでWMPのルーティンを確立しやすくなります。ゆっくりとした時間を過ごし一歩下がるという考えは，基本的には多くの養育者の心に響くようですが，これにはテンポの変化が伴います。子どもが遊びのなかで何を見せるのかわからないという根本的な不安は，子どもが遊びのなかで自分を表現することを嫌がる一因になる可能性があるので，敏感に探っていく必要があるでしょう。第6章の例が示すように，子どもが何をすることを選ぶのかを見守るのが課題となる養育者もいれば，子どもが期待するやり方とは異なるやり方でおもちゃを使っているのを見るのが課題となる養育者もいるでしょう。

　逆境を経験した乳幼児の心理的ニーズを擁護するために，臨床家が積極的な役割を——例えば，複数の機関との連絡を維持したり，専門家ネットワークを一堂に集めたりすることによって——果たさなければならない場合もあります。そうすることで子どもを取り巻くチームは，養育計画や移行の準備を裏打ちするために，直接観察の結果を活用できる「フォーラム」（公開討論の場）を生み出すことができるのです。子どもの遊びから伝わってくる強力な感情や子どもを自由に遊ばせるのを妨げるような感情について一緒に振り返ることは，子どもの最も近くにいる人たちにコンテインメントをもたらすのに役立ちます。その人の観察結果に興味を示して，それについて話し合うことで，子どもと関わるすべての大人の貢献を評価することは，二次的トラ

ウマの潜在的なインパクトからの保護にもなります。これは専門家や家族を孤立感や絶望感のなかに置き去りにしてしまいかねない，痛ましい力動を和らげるのに役立ちます。

　臨床家自身も，観察による治療的作業を行う機会から多くを得ることができます。観察的介入は，それが短期のものであれ長期のものであれ，社会的養護のもとにいる幼い子どもたちの生活や，里親やソーシャルワーカーが日々直面している複雑なジレンマについての経験的な学びを通して，臨床家の専門性をユニークな形でさらに開発してくれる機会となるのです。

　養育者や子どもたちとの尊敬に満ちた関係性は，WMPにおいて共同観察者として協働関係を促進するための土台となります。子どもの経験を尊重するということは，子どもはひとりひとりがユニークな存在であり，物事の展開の仕方は子どもによってそれぞれ異なるのだと認めることを意味します。子どものニーズの複雑さや子どもの世話をする上で要求されることの重さが，それほど密接に関わっていない人たちから本当に理解されるのだろうかという不安を里親が抱いている場合には，手っ取り早い解決策などないのだと認めることで里親は安心できるかもしれません。子どもが遊んでいるときに人びとがそこに何を見ているのかについて話し合うために集まる，ということに関心をもつことが，自由な遊びが生き生きと展開できる環境——すなわち，子どものコミュニケーション，経験，ニーズに焦点を当てている子どもを取り巻くチーム——を作るための第一歩です。養育者たちは自分たちの情緒的なコミットメントが重んじられる文化の一部となっているときに，委ねられた子どもに主体的で調律された養育を提供できる可能性が高くなります。里親や特別後見人，そして社会的養護から子どもを戻された実親は，コミュニケーションや発達や意味を重んじる精神がもたらす恩恵を子どもに伝えることができます。

　子どもたちは自信を深めるにつれて，より明確なコミュニケーションをとり始め，より長時間集中できるようになる可能性があります。つぎつぎと別の遊びに移っていくことが少なくなり，遊びがより持続的になって，おそらくごっこ遊びが増えてくると，今度は養育者が子どものシグナルに気づき理

解することに自信をもてるようになるかもしれません。また，子どもの遊び
に定期的に注目することによって，里親や他の専門家たちはその子どもが何
に興味をもっていて，どんなスキルがあり，どんな悩みを抱えているのかに
ついてさらに明確に知ることができる可能性があります。専門家たちが観察
結果や理解を共有できれば不安は軽減され，委託の質と安定性が向上するで
しょう。ソーシャルワーカーたちからのフィードバックでは，子どもと子ど
ものニーズをよりよく理解するために観察結果を共有することの重要性が強
調されています。観察結果の共有は委託のための移動や兄弟姉妹での委託な
ど，難しい養育計画の決定をしなければならない状況ではとりわけ重要です。
　子どもの生活のさまざまな側面を統合することで，専門家たちは子どもに
より多くのコンテインメントを与えることができるようになります。困難や
懸念事項を認識すると同時に，時間の経過とともに見られる肯定的な変化を
評価することは，専門家たちのあいだに有意義な関係性を築く助けとなりま
す。子どもを取り巻くネットワークやチームのミーティングは，母親が自分
の赤ちゃんの不確かさや恐怖や苦痛をコンテインするのを可能にする「もの
想い」（reverie）[27] と同じ性質を帯びるようになると，それ自体が治療的な
ものになる可能性があります。情緒的に受容されているネットワークに支え
られていれば，里親は子どもの移行期や困難な時期に，子どもに対して情緒
的に利用可能な状態でいられると感じるかもしれません。

---

[27] ビオン理論の概念で，子どもの投影的同一視のための適切な「器」となるために母親が
とる態度。赤ちゃんの苦痛や不安は，母親の「器」に吸収されるまでは「名づけよう
のない恐怖」を構成する。「もの想い」（reverie）の状態は，ウィニコットの言う「母親の
原初的没頭」（primary maternal preoccupation）と非常によく似ている。

おわりに

　本書は社会的養護のもとにいる乳幼児とその養育者たちを対象とした，注意深い観察と省察に基づくアプローチを用いた，現在進行中の研究について書かれた本です。里親養育やソーシャルワーク，保健，教育に携わる同僚たちと共に働きながら，私はトラウマや混乱を経験した子どもたちが，養育者や責任を負っている大人たちに理解され，その心に抱えられていると感じられるようになったときに，前向きな変化を起こすのを目の当たりにしてきました。

　乳幼児期に大人からマルトリートメントを受けた子どもたちや，心理的なウェルビーイングのために最も重要な要素——すなわち，大切に育んでくれる一貫した養育者——をめぐる混乱を繰り返し経験した子どもたちは，大きなリスクを抱えています。早期のトラウマの影響に対処し損なうと，本人や家族，そして社会に大きな損失をもたらします。度重なる逆境が，本来のレジリエンスや生きる意欲を上回ってしまっている子どもたちは，ひとりぼっちで苦しみ，もがき苦しんでいます。そして，コンテインメントに代わるものを犯罪組織や物質乱用に求める子どもたちもいます。私は別の本を書くこともできたでしょう。つまり，家庭内の対立，精神疾患，暴力などを経験した子どもたちの破滅的な軌跡についての本です。一部の子どもたちにとって，次の段階は刑事司法制度と刑務所です。前向きな，あるいは比較的前向きな経過を辿った子どもたちの陰には，マルトリートメントの結果，深刻な，しばしば世代を超えた家族の苦痛が人生に影を落とし続けている子どもたち，つらい委託の破綻を繰り返している子どもたち，専門家たちのあいだの激しい意見の対立に曝されている子どもたち，そして信頼できる大人との

安定した関係性を一度も経験しないまま大人になる子どもたちが数多くいることを，私は知っています。

　そのような子どもたちの事例を紹介する代わりに，私は大人の注目に対する子どもたちの受容性や，誰かが見守り耳を傾けているときの子どもたちの雄弁さについて，そして，養育者が自分に委ねられた傷つきやすい子どもに手を差し伸べ続けていられるように，情緒的で敏感な専門家ネットワークがどのような支援を提供できるのかについて，その証となる事例やエピソードを選びました。実親や親族里親，里親，そして子どもと関わる専門家の方々がこの本を読んで，細やかな観察がもつ力をご自分でも探索し，ご自分の観察結果や省察を共有できる養育者や専門家を見つけようと思ってくださったらと願っています。

注　　目

　私たちの文化で「注目」について語るとき，この言葉は多くの場合，否定的な意味で使われます。行動が「注目を集めようとする／気を引こうとする」ものだと形容されることがあります。子どもが周りの大人に認められたい，認めてもらいたいと承認を求めることは植物が太陽の光の方を向くのと同じくらい自然で必要なことなのに，この表現はまるで，そのことを祝うのではなく批判しているかのようです。

　注目には子どもが心に抱かれていると感じることができ，人格を維持し，トラウマがもたらす断片化の影響から保護してくれる内的連続性を，時間をかけて育む基本的な役割があります。神経科学研究からは，養育者と子どものあいだで互恵的な相互作用が行われているあいだ，脳内で神経結合が生成されているという科学的な証拠が得られています。ジークムント・フロイトは，生命力としての，そして知覚したものを集めて結びつける心的エネルギーの一形態としての注目について，多くのことを述べています（Freud, 1905e, 1950 [1895]; Stewart, 2013 も参照のこと）。フロイトは注目を，意味のパターンを探し，自我，すなわち意識を現実と接触させる「観察する思考」

の一形態であると説明しています（Freud, 1917d; Nagera, 2014 も参照）。

　フロイトはまた注目には二つの側面があり，ひとつは能動的な側面で，もうひとつはもっと受動的で受容的な側面であるとしています。注目の能動的な側面は，「感覚印象（sense-impressions）が自ずと現れるのを待つのではなく，途中の段階で対面する」（1911b, p. 220）のに対し，注目のさらに受動的な側面は，フロイトが精神分析家に推奨している平等に漂う注意という姿勢に見ることができます。この自由に漂っている注意は，選択するよりもむしろ受け取ることによって，分析家が本能的生命と最も直接的に交流することを可能にします（1912e, 1923a）。精神分析的観察では，注目がもつこれら二つの側面は時間的に隔てられています。定期的な訪問，そして観察者の限定された役割によって，意識と無意識の両方の知覚を取り込むことができる環境が作り出されます。注目の能動的な側面——「このことは何を意味するのか？」と問う観察する思考——は，後になって，スーパービジョンでのディスカッションで，また，このようなアプローチのなかで促進される臨床家の心で続けられる処理や省察で発揮されます。専門家ネットワークがひとつになって省察することで，養育者と子どもがひとつになり，また，思考と感情がひとつになって意味が生まれます。これは，ビオン（Bion, 1962）がコンテインの基礎となるものとして説明している「母親のもの想い」に似た状態です。

　注目がもつ「エネルギーを与える」という側面は，深刻な剥奪を受けた子どもたちと関わる仕事をしていたり，そのような子どもたちと一緒に生活したりしている人には特に助けになるかもしれません。「一緒に学ぶこと」や「経験から学ぶこと」に焦点を当てることは作業同盟を促進し，最も傷つきやすい乳幼児の苦痛を心に抱えるという感情労働を調整するのに役立ちます。トラウマの力動が反復強迫に支配されているのに対して，注目によってひとつに集められた集団は，何か新しくて明るいものを生み出す可能性を秘めているのです。

監訳者あとがき

　このたび，本書を日本の皆さまにご紹介できることを大変嬉しく思います。

　まだ私が里親研究を始めたばかりの学生の頃に「乳幼児の頃の記憶は忘れてしまって覚えてないという人がいるけど，絶対そんなことはないの。小さい頃の大変だったことは，あとで何らかの形で必ず出るんだから」と里親さんが繰り返しお話されていたことが，とても印象に残っています。本書を手に取られている方は，おそらくアタッチメント理論や幼少期の環境の重要さについて知識をおもちで，こうしたことは当然であると理解されている方が多いのではないかと思うのですが，やはり一般的には，まだまだ乳幼児期の心理的支援については十分に理解されておらず，里親さんが言っていたように，小さな子どもの心理的苦痛は軽視されがちで，十分に支援の環境が整っていないのが現状ではないでしょうか。もちろん乳幼児期に何か問題があれば，それが決定的なのではなく，適切な治療や安定した養育環境が提供されることで，その後の子どもの発達は大きく変わること，そうした介入が早ければ早いほど，良好な結果が得やすいことは事実であり，またそれは希望でもあります。

　しかしながら，今の日本の社会的養護のもとにいる乳幼児については，人生のかなり早い段階での養育者との分離や喪失を体験したあとも，家庭に戻れなかった場合には，乳児院から施設への移動，担当者のたび重なる変更など，社会的養護のシステムの中で安心できるはずの養育者や慣れ親しんだ場所，仲間などの喪失体験を重ねていく環境に置かれている事実があります。現在は国の方針も変わり，社会的養育ビジョンが出てから乳幼児は原則里親養育とされるようになりましたが，先進国のなかでもまだまだ乳児院がメインである日本の現状は，乳幼児にはかなり厳しい状況であるのも事実です。

　日本の乳児院のスタッフの皆さんは本当に毎日子どもたちのことを考え，丁寧で素晴らしい実践を重ねておられます。しかしその一方で，保育士の方とお話をさせていただくと，ひとりの子どもをしっかり見てあげたり，子どもが望むだけ抱っ

こをしてあげられないことや，夜にひとりで5人以上の乳児を見るのは日常的で，ひとりで10人近くを見るケースもあること，そんなときはご自身もとても不安になり，赤ちゃんが一斉に泣き出すと一度もそばに行ってあげられない子がいるのが辛い，といったお話などを直接聞かせていただくことがあります。子どもたちの置かれている厳しい状況はもちろんのこと，そこで働いておられる方々も，日々そうした葛藤を抱え，子どもひとりひとりへの個別の対応ができない現状で働くことを余儀なくされている，日本の社会的養護のシステムを大きく変える必要があるのではないかと強く感じます。

　しかし，システムはすぐには変わらないのも事実です。また本書を読んでいただくと里親養育がメインのイギリスでさえも，それで問題がすべて解決するわけではないこともよくわかるかと思います。そうしたなかで，少しでも社会的養護のもとにいる乳幼児に，よりよいケアや環境を提供するためには，まずは乳幼児の置かれている環境をしっかりと理解し，連続性のある養育を提供することがどんなに重要か，そのためにはどんな支援を準備し，個別のケアを保証するには何をすればよいのかについて学ぶことが大切なのではないかと思います。そうした点では，本書は多くの学びとヒントを与えてくれるのではないでしょうか。

　私がジェニファー・ウィクリン先生を知ったのは，The Tavistock and Portman NHS でトレーニングを受けていた頃に，里親養育での乳幼児支援に興味があると話したことがきっかけでした。ジェニファー先生が講師を務める里親養育・養子縁組ワークショップに出席し，先生が Watch Me Play!（WMP）を開発されていることを教えていただきました。その後，WMP をより深く学びたいと思い，ジェニファー先生が WMP の実践を行っていたタビストックの First Step で Research Assistant になり，WMP の実践の場に居させていただく機会を得ました。

　ジェニファー先生が WMP を紹介する際に毎回「乳幼児の頃にすでにトラウマなどを抱えていることがわかっているのに，何のサポートもせず，その後に問題行動が現れてくる学齢期や思春期になって初めて支援が入るのを待つのではなく，その前に子どもたちにできることはないのか，そうした思いから誰にでも乳幼児を支援することができる方法として，WMP を開発しました」というお話をされます。私自身も，乳幼児期から何かしらの支援をすることの重要さを感じていたの

で，その説明を聞くたびに WMP をぜひ多くの方に知っていただけたらという思いを強くもつようになりました。

　WMP は臨床家のトレーニングとして知られている乳幼児観察を応用した，治療的観察から作られています。しかし，実際の内容はとてもシンプルで，子どもに一対一の注目を与える重要性を失うことなく，乳幼児観察や精神分析などを学んだことがない一般の方でも，すぐに実践できるものとして作られています。

　また WMP は，現在イギリスでは，社会的養護のもとにいる子どもだけでなく，障害を抱えたお子さんや，学校，子育て支援が必要な一般の家庭のお子さんにも使われるようになっています。

　WMP のマニュアルは早稲田大学社会的養育研究所のホームページ，または The Tavistock and Portman NHS のホームページからも，無料で日本語版をダウンロードすることができます。誰でも自由に実践を始めることができますので，ご興味がある方はぜひ本書とともに，マニュアルにも目を通していただけると嬉しいです。本格的に臨床で使いたい方は，研修やスーパービジョンが推奨されていますので，今後日本でも WMP を学べる環境をもっと準備していきたいと思っております。

　最後になりますが，本書の出版にあたって，監訳作業を共に行い，いつも相談に乗ってくださった岩崎美奈子先生，お忙しいなか，素晴らしい「推薦のことば」を寄せてくださった上鹿渡和宏先生に心より感謝を申し上げます。また本書の編集を担当してくださった誠信書房の小寺美都子さん，本書の翻訳に助成金を出してくださった日本財団にも深い感謝を申し上げます。

　本書が今後の社会的養護のもとにいる子どもたちや，彼らを支える養育者，実践者の方々，そのほかさまざまな子どもの支援に携わっている方々に何らかの貢献ができることを心から願っております。

　2023 年 4 月

監訳者を代表して　御園生直美

用 語 解 説

養育手続きと養育命令

1989年児童法（Children Act 1989）の下では，地方自治体は，子どもが著しい危害を加えられている，あるいは加えられる危険性があると考えられる場合は家庭裁判所に**養育命令**（Care Order）を申請することができます。

児童法第20条の下では，子どもは任意に養育を提供されます。すなわち，地方自治体は親の同意を得て子どもの養育を提供しますが，親は親責任を負い続けます。

緊急保護命令（Emergency Protection Order）は，重大な危害から子どもを保護するために発令され，最長で8日間効力が持続します。

一時保護命令（Interim Care Order）は養育手続きの開始時に発令されることがあり，最長で8週間効力が持続し，最長で4週間更新が可能です。

養育手続きの終了時に**完全養育命令**（Full Care Order）が出された場合，地方自治体はその子どもを長期の里親養育に委託することができます。

また，地方自治体は，子どもが養子縁組されるべきだと考えられる場合には**委託命令**（Placement Order）を申請できます。あるいは，裁判所が子どもが18歳になるまで子どもの特別後見人として養育者（通常は親族）を任命する**特別後見命令**（Special Guardianship Order）を申請することができます。

社会的養護のもとにいる子どもと関わる専門家

社会的養護のもとにいる子どもを支える専門家の集団は，**専門家ネットワーク**，あるいは**子どもを取り巻くチーム**として知られています。

英国の里親（foster carers）は，1990年代までは里親（foster parents）と呼ばれていました。

養育者は，地方自治体に雇用される場合と独立した民間の里親養育機関に雇用される場合とがあります。里親は，**スーパーバイズ・ソーシャルワーカー**（リンク

ワーカーと呼ばれることもあります）によって管理・支援されます。

　社会的養護のもとにいる子どもには，それぞれひとりの担当**ソーシャルワーカー**が配置され，少なくとも 6 週間に一度，その子どもを訪問します。

　独立審査官（Independent Reviewing Officer）は，子どもが代替養育を受け初めてから 20 日以内に，そして子どもが代替養育を受けているあいだは 6 カ月ごとに，**代替養育を受けている子どもの審査会議**の議長を務めます。

　社会的養護を受け始めるすべての子どもは，（通常は地域の小児科医による）**初回健康アセスメント**を受けます。また，5 歳未満の子どもでは 6 カ月ごとに，5 歳以上の子どもでは年に一度，代替養育を受けている子どもを専門とする看護師による**健康アセスメントの見直し**が行われます。

　養子縁組された子どもや特別後見人に委託されている子どもは，病歴と発達歴をまとめた**アダプション・メディカル**（Adoption Medical）をもっています。

　小・中学校では，**指定教師**（Designated Teacher）が，社会的養護を受けている子どもや以前に社会的養護を受けていた子どもの支援を調整する責任を担っています。社会的養護のもとにいる子どもひとりひとりに**個別教育計画**があり，学期ごとに見直しが行われます。

さらに深く学びたい人のための書籍・リソース

■子育て・アタッチメント関連

Daws, D., & de Rementeria, A. *Finding Your Way with Your Baby. The Emotional Life of Parents and Babies.* London: Routledge, 2015.

Gerhardt, S. *Why Love Matters. How Affection Shapes a Baby's Brain* (2nd edition). London: Routledge, 2015.

Murray, L., & Andrews, L. *The Social Baby: Understanding Babies' Communication from Birth.* Richmond, VA: The Children's Project/CP Publishing, 2005.

Prior, V., & Glaser, D. *Understanding Attachment and Attachment Disorders: Theory, Evidence and Practice.* London: Jessica Kingsley, 2006. (加藤和生監訳 [2008] 愛着と愛着障害—理論と証拠にもとづいた理解・臨床・介入のためのガイドブック. 北大路書房)

■乳幼児観察

Fawcett, M., & Watson, D. L. *Learning through Child Observation.* London: Jessica Kingsley, 2016.

Hingley-Jones, H., Parkinson, C., & Allain, L. (Eds.). *Observation in Health and Social Care: Applications for Learning, Research and Practice with Children and Adults.* London: Jessica Kingsley, 2017.

Miller, L., Rustin, M. E., Rustin, M. J., & Shuttleworth, J. (Eds.). *Closely Observed Infants.* London: Duckworth, 1989. (木部則雄, 鈴木龍, 脇谷順子監訳 [2019] 乳幼児観察入門—早期母子関係の世界. 創元社)

Reid, S. *Developments in Infant Observation. The Tavistock Model.* London: Routledge, 1997.

Urwin, C., & Sternberg, J. (Eds.). *Emotional Lives: Infant Observation and*

Research. London: Routledge, 2012.（鵜飼奈津子監訳［2015］乳幼児観察と調査・研究―日常場面のこころのプロセス．創元社）

Youell, B. "Observation in social work practice." In: M. Bower (Ed.), *Psychoanalytic Theory for Social Work Practice: Thinking under Fire* (pp. 49-60). London: Routledge, 2005.

■有用なウェブサイト

The Association of Child Psychotherapists: https://childpsychotherapy.org.uk The Association for Infant Mental Health (UK): https://aimh.org.uk

The Centre for the Developing Child at Harvard University: http://developingchild.harvard.edu/resources/

Coram BAAF (British Association for Adoption and Fostering): https://corambaaf.org.uk

Infant Observation: The International Journal of Infant Observation and Its Applications, published by Taylor and Francis: www.tandfonline.com/ loi/ riob20

Films by James and Joyce Robertson: www.robertsonfilms.info The Social Baby: www.socialbaby.com

The Tavistock and Portman NHS Foundation Trust and training centre: https:// tavistockandportman.nhs.uk

Understanding Childhood: www.understandingchildhood.net

The University of East Anglia Secure Base model: www.uea.ac.uk/ providingasecurebase/resources

Zero to Three: https://www.zerotothree.org

参 考 文 献

Ainsworth, M. D. S., Blehar, M. C., Waters, E., & Wall, S. (1978). *Patterns of Attachment: A Psychological Study of the Strange Situation*. Hillsdale, NJ: Erlbaum.

APPG. (2015). *Building Great Britons. Conception to Age 2. The First 1001 Days*. London: All Party Parliamentary Group. Available at: https://plct.files.wordpress.com/2012/11/building-great-britons-report-conception-to-age-2-feb-2015.pdf

Allen, G. (2011). *Early Intervention: The Next Steps. An Independent Report to Her Majesty's Government*. London: Cabinet Office.

Alvarez, A. (2000). Discussion (II). In: J. Sandler, A.-M. Sandler, & R. Davies (Eds.), *Clinical and Observational Psychoanalytic Research: Roots of a Controversy* (pp. 100–107). London: Karnac.

American Academy of Pediatrics (2012). Neonatal drug withdrawal. *Pediatrics, 101*(6): e540–e560.

Anderson, J. (2006). Well-suited partners: Psychoanalytic research and grounded theory. *Journal of Child Psychotherapy, 32*(3): 329–348.

Association of Child Psychotherapists (2018). *Silent Catastrophe. Responding to the Danger Signs of Children and Young People's Mental Health Services in Trouble*. A Report from the Association of Child Psychotherapists on a Survey and Case Studies about NHS Child and Adolescent Mental Health Services.

Available at: https://childpsychotherapy.org.uk/sites/default/files/documents/ACP/20SILENT/20CATASTROPHE/20REPORT.pdf

Ayling, A., & Stringer, B. (2013). Supporting carer-child relationships through play: A model for teaching carers how to use play skills to strengthen attachment relationships. *Adoption and Fostering, 37*(2): 130–143.

Bardyshevsky, M. (1998). The compensation of autistic features during a little boy's second year: Overcoming pain through the development of attachment. *Infant Observation, 2*(1): 40–57.

Barlow, J., & Svanberg, P. O. (Eds.) (2009). *Keeping the Baby in Mind: Infant Mental Health in Practice*. London: Routledge.

Beckett, C., & McKeigue, B. (2003). Children in Limbo: Cases where court decisions have taken two years or more. *Adoption and Fostering, 27*(3): 31–40.

Beek, M., Neil, E., & Schofield, G. (2018). *Moving to Adoption: Research Review*. Norwich: Centre for Research on Children and Families, University of East Anglia.

Bentovim, A. (1992). *Trauma-Organized Systems*. London: Karnac.

Berridge, D. (1997). *Foster Care: A Research Review*. Norwich: Department of Health/The Stationery Office.

Berta, L., & Torchia, A. (1998). The contribution of infant observation to paediatrics. *Infant Observation, 2*(1): 79-89.

Bick, E. (1964). Notes on infant observation in psychoanalytic training. *International Journal of Psychoanalysis, 45*: 558-566.

Bick, E. (1968). The experience of the skin in early object relations. *International Journal of Psychoanalysis, 49*: 484.

Bion, W. R. (1961). *Experiences in Groups.* London: Tavistock.（黒崎優美，小畑千晴，田村早紀訳［2016］集団の経験―ビオンの精神分析的集団論．金剛出版）

Bion, W. R. (1962). A theory of thinking. *International Journal of Psychoanalysis, 43*: 306-310. Reprinted in: *Second Thoughts: Selected Papers on Psychoanalysis* (pp. 110-119). London: Heinemann, 1967.

Bion, W. R. (1970). *Attention and Interpretation a Scientific Approach to Insight in Psycho-Analysis and Groups.* New York: Basic Books.

Blessing, D., & Block, K. (2014). Sewing on a shadow: Acquiring dimensionality in a participant observation. In: S. M. G. Adamo & M. E. Rustin (Eds.), *Young Child Observation: A Development in the Theory and Method of Infant Observation.* London: Karnac.

Bloom, S. L. (2003). Caring for the caregiver: Avoiding and treating vicarious traumatization. In: A. Giardino, E. Datner, & J. Asher (Eds.), *Sexual Assault, Victimization across the Lifespan* (pp. 459-470). Maryland Heights, MO: GW Medical Publishing. Available at: www.researchgate.net/publication/242223206_Caring_for_the_Caregiver_Avoiding_and_Treating_Vicarious_Trauma

Boswell, S., & Cudmore, L. (2014). "The children were fine": Acknowledging complex feelings in the move from foster care into adoption. *Fostering, 38*(1): 5-21.

Bower, M. (Ed.) (2005). *Psychoanalytic Theory for Social Work Practice. Thinking Under Fire.* London: Routledge.

Bowlby, J. (1969). *Attachment and Loss,* Vol. 1: Attachment. New York: Basic Books.（黒田実郎，大羽蓁，岡田洋子訳［1976］母子関係の理論 I ――愛着行動．岩崎学術出版社）

Brandon, M., Glaser, D., Maguire, S., McCrory, E., Lusney, C., & Ward, H. (2014). *Missed Opportunities: Indicators of Neglect ― What Is Ignored, Why, and What Can Be Done? Research Report.* London: Department for Education/Childhood Wellbeing Research Centre. Available at: www.cwrc.ac.uk/documents/RR404_Indicators_of_neglect_missed_op portunities.pdf

Bridge, G., & Miles, G. (1996). *On the Outside Looking In.* London: Central Council for Education and Training in Social Work.

Briskman, J., & Scott, S. (2012). *Randomised Controlled Trial of the Fostering Changes Programme, The National Academy for Parenting Research.* Report for the Department for Education. London: King's College London.

Britton, R. (1983). Breakdown and reconstitution of the family circle. In: M. Boston & R. Szur (Eds.), *Psychotherapy with Severely Disturbed Children* (pp. 105-109). London: Routledge & Kegan Paul.

Browning, A. S. (2015). Undertaking planned transitions for children in out-of-home care. *Adoption and Fostering, 39*(1): 51-61.

Bruner, J. (1983). *Child's Talk. Learning to Use Language. Oxford*: Oxford University Press.

Callaghan, J., Young, B., Pace, F., & Vostanis, P. (2004). Evaluation of a new mental health service for looked-after children. *Clinical Child Psychology and Psychiatry, 9*(1): 130-148.

Cardenal, M. (1999). A psychoanalytically informed approach to clinically ill babies. *Infant Observation, 2*(1): 90-101.

Clyman, R. B., & Harden, B. J. (2002). Infants in foster and kinship care. *Infant Mental Health Journal, 23*(5): 435-453.

Craven, P. A., & Lee, R. (2006). Therapeutic interventions for foster children. A systematic research synthesis. *Research on Social Work Practice, 16*(3): 287-304.

Cregeen, S. (2017). A place within the heart: Finding a home with parental objects. *Journal of Child Psychotherapy, 43*(2): 159-174.

Daws, D. (1999). Child psychotherapy in general practice. *Clinical Child Psychology and Psychiatry, 4*(1): 1359.

Daws, D., & de Rementeria, A. (2015). *Finding Your Way with Your Baby. The Emotional Life of Parents and Babies*. London: Routledge.

Delion, P. (2000). The application of Esther Bick's method to the observation of babies at risk of autism. *Infant Observation, 3*(3): 84-90.

DfE (2017). *Children Looked After in England (Including Adoption), Year Ending 31 March 2017. SFR 50/2017. National Statistics*. London: Department for Education. Available at: https://assets.publishing.service.gov.uk/government/uploads/system/uploads/ernment/uploads/system/uploads/attachment_data/file/664995/SFR50_2017-Children_looked_after_in_England.pdf

Dimigen, G., Del Priore, C., & Butler, S. (1999). Psychiatric disorder among children at time of entering local authority care: Questionnaire survey. *British Medical Journal, 319*: 675.

Dozier, M., & Lindhiem, O. (2006). This is my child: Differences among foster parents in commitment to their young children. *Child Maltreatment, 11*: 338-345.

Dozier, M., Lindhiem, O., Lewis, E., Bick, J., Bernard, K., & Peloso, E. (2009). Effects of a Foster Parent training on young children's attachment behaviors: Preliminary evidence from a randomized clinical trial. *Child and Adolescent Social Work, 26*: 321-332.

Dugnat, M. (2001). *Observer un bébé avec attention?* Paris: Eres.

Dugnat, M., & Arama, M. (2001). Introduction. Pour une observation tempérée au service de l'attention et de la prévention. In: M. Dugnat (Ed.), *Observer un bébé avec attention?* (pp. 11-26). Paris: Eres.

Elliot, A. J., & Reis, H. T. (2003). Attachment and exploration in adulthood. *Journal of Personality and Social Psychology, 85*(2): 317-331.

Emanuel, L. (2006). The contribution of organizational dynamics to the triple deprivation of looked-after children. In: J. Kenrick, C. Lindsey, & L. Tollemache (Eds.), *Creating New Families: Therapeutic Approaches to Fostering, Adoption and Kinship Care* (pp. 163-179). London: Karnac.

Fahlberg, V. (1991). *A Child's Journey Through Placement*. Indianapolis, IN: Perspective Press, 2012.

Family Rights Group (2018). *The Care Crisis Review: Options for Change.* London: Author.

Farmer, E., & Lutman, E. (2010). *Case Management and Outcomes for Neglected Children Returned to Their Parents. A Five Year Follow-Up Study.* Bristol: University of Bristol; London: Department for Education.

Fawcett, M., & Watson, D. L. (2016). *Learning through Child Observation.* London: Jessica Kingsley.

Ferguson, H. (2017). How children become invisible in child protection work: Findings from research into day-to-day social work practice. *British Journal of Social Work, 47*(4): 1007-1023.

Fletcher, A. (1983). Working in a Neonatal Intensive Care Unit. *Journal of Child Psychotherapy, 9*(1): 47-56.

Fraiberg, S. (1982). Pathological defenses in infancy. *Psychoanalytic Quarterly, 51*: 612-635.

Freud, A., & Burlingham, D. (1944). Reports on the Hampstead Nurseries. In: *Infants without Families, and Reports on the Hampstead Nurseries 1939-1945.* London: Hogarth Press.（中沢たえ子訳［1982］アンナ・フロイト著作集，第3-4巻．家庭なき幼児たち：ハムステッド保育所報告 1939-1945．岩崎学術出版社）

Freud, S. (1905e). Jokes and Their Relation to the Unconscious. *Standard Edition 8.*（中岡成文，太寿堂真，多賀健太郎訳［2008］機知―その無意識との関係．フロイト全集 第8巻．岩波書店）

Freud, S. (1911b). Formulations on the two principles of mental functioning. *Standard Edition, 12.*（高田珠樹訳［2009］心的生起の二原理に関する定式．In フロイト全集 第11巻．岩波書店，pp. 259-268.）

Freud, S. (1912e). Recommendations to physicians practising psycho-analysis. *Standard Edition 12.*（須藤訓任訳［2009］精神分析治療に際して医師が注意すべきことども．In フロイト全集 第12巻．岩波書店，pp. 247-258.）

Freud, S. (1917d). A metapsychological supplement to the theory of dreams. *Standard Edition 14.*（新宮一成訳［2010］夢学説へのメタサイコロジー的補遺．In フロイト全集 第14巻．岩波書店，pp. 255-272.）

Freud, S. (1923a). Two encyclopaedia articles. *Standard Edition 18.*（本間直樹訳［2007］「精神分析」と「リビード理論」．In フロイト全集 第18巻．岩波書店，pp. 143-174.）

Freud, S. (1950 [1895]). Project for a scientific psychology. *Standard Edition 1.*（総田純次訳［2010］心理学草案．In フロイト全集 第3巻．岩波書店，pp. 1-105.）

Geraldini, S. A. R. (2016). Becoming a person: Learning from observing premature babies and their mothers. *Infant Observation, 19*(1): 42-59.

Gerhardt, S. (2015). *Why Love Matters: How Affection Shapes a Baby's Brain* (2nd edition). London: Routledge.

Gerin, E. I., Hanson, E., Viding, E., & McCrory, E. J. (2019). A review of childhood maltreatment, latent vulnerability and the brain: Implications for clinical practice and prevention. *Adoption & Fostering* (in press).

Gilbert, R., Spatz Widom, C., Browne, K., Ferguson, D., Webb, E., & Janson, S. (2009). Child maltreatment series 1: Burden and consequences of child maltreatment in high-income countries.

Lancet, 373: 68-81.

Glaser, B., & Strauss, A. L. (1967). *The Discovery of Grounded Theory: Strategies for Qualitative Research*. New Brunswick, NJ: Aldine.（後藤隆，大手春江，水野節夫訳［1996］データ対話型理論の発見―調査からいかに理論をうみだすか．新曜社）

Grossman, K. E., Grossman, K., & Waters, E. (2005). Early care and the roots of attachment and partnership representations: The Bielefeld and Regensburg longitudinal studies. In: K. E. Grossman, K. Grossman, & E. Waters (Eds.), *Attachment from Infancy to Adulthood* (pp. 98-136). New York: Guilford Press.

Haag, M. (2002). *A propos et à partir de l'oeuvre et de la personne d'Esther Bick, Vol. 1. La méthode d'Esther Bick pour l'observation régulière et prolongée du tout petit au sein de sa famille*. Paris: Livres Autoedition.

Hall, J. (2009). Work in progress: Developing a flexible model of therapeutic observation of young mothers and their infants in care proceedings. *Infant Observation, 12*(3): 358-364.

Halton, W. (1994). Some unconscious aspects of organizational life. In: A. Obholzer & V. Z. Roberts (Eds.), *The Unconscious at Work: Individual and Organizational Stress in the Human Services* (pp. 11-18). London: Routledge.

Halton, W. (2014). Obsessional-punitive defences in care systems: Menzies Lyth revisited. In: D. Armstrong (Ed.), *Social Defences Against Anxiety: Explorations in a Paradigm* (pp. 27-38). London: Routledge.

Hardy, C., Hackett, E., Murphy, E., Cooper, B., Ford, T., & Conroy, S. (2013). Mental health screening and early intervention: Clinical research study for under 5-year-old children in care in an inner London borough. *Clinical Child Psychology and Psychiatry, 20*: 261-275.

Harvard Center for the Developing Child (2018). *Serve and Return Interaction*. Available at: https://developingchild.harvard.edu/science/key-concepts/serve-and-return/Website

Hillen, T., Gafson, L., Drage, L., & Conlan, L. M. (2012). Assessing the prevalence of mental health disorders and needs among preschool children in care in England. *Infant Mental Health Journal, 33*(4): 411-420.

Hindle, D. (2007). Clinical research: A psychotherapeutic assessment model for siblings in care. *Journal of Child Psychotherapy, 33*(1): 70-93.

Hindle, D. (Ed.) (2008). *The Emotional Experience of Adoption: A Psychoanalytic Perspective*. London: Routledge.

Hingley-Jones, H. (2017). From observation, via reflection, to practice: Psychoanalytic baby and young child observation and the helping professions. In: H. Hingley-Jones, C. Parkinson, & L. Allain (Eds.), *Observation in Health and Social Care: Applications for Learning, Research and Practice with Children and Adults* (pp. 21-39). London: Jessica Kingsley.

Holton, J. A. (2007). The coding process and its challenges. In: A. Bryant & K. Charmaz (Eds.), *The Sage Handbook of Grounded Theory* (pp. 265-281). London: Sage.

Houzel, D. (1996). The family envelope and what happens when it is torn.

International Journal of Psychoanalysis, *77*(5): 901-912.

Houzel, D. (1999). A therapeutic application of infant observation in child psychiatry. *Infant Observation, 2*(3): 42-53.

Houzel, D. (2008). Les applications préventives et thérapeutiques de la méthode d'Esther Bick. In: P. Delion (Ed.), *L'observation du bébé selon Esther Bick. Son intérêt dans la pédopsychiatrie aujourd'hui* (pp. 81-94). Paris: Eres.

Howe, D. (2005). *Child Abuse and Neglect: Attachment, Development and Intervention.* London: Palgrave.

Hoxter, S. (1977). Play and communication. In: M. Boston & D. Daws (Eds.), *The Child Psychotherapist and Problems of Young People* (pp. 202-231). London: Wildwood House.

Humphreys, C., & Kiraly, M. (2011). High-frequency family contact: A road to nowhere for infants. *Child and Family Social Work, 16*: 1-11.

Kenrick, J. (2009). Concurrent planning 1. A retrospective study of the continuities and discontinuities of care, and their impact on the development of infants and young children placed for adoption by the Coram Concurrent Planning Project. *Adoption and Fostering, 33*(4): 5-18.

Kenrick, J. (2010). Concurrent planning 2: The roller-coaster of uncertainty. *Adoption and Fostering, 34*(2): 38-47.

Kenrick, J., Lindsey, C., & Tollemache, L. (2006). *Creating New Families: Therapeutic Approaches to Fostering, Adoption and Kinship Care.* London: Karnac.

Klee, L., Kronstadt, D., & Zlotnick, C. (1997). Foster care's youngest: A preliminary report. *American Journal of Orthopsychiatry, 6*(2): 290-299.

Klein, M. (1958). *On the Development of Mental Functioning: Envy and Gratitude and Other Works, 1946-1963. The Writings of Melanie Klein, Volume III.* London: Hogarth Press, 1975. (西園昌久, 牛島定信編訳 [1983] 愛, 罪そして償い メラニー・クライン 著作集3. 誠信書房)

Lanyado, M. (2003). The emotional tasks of moving from fostering to adoption: Transitions, attachment, separation and loss. *Clinical Child Psychiatry and Psychology, 8*(3): 337-349.

Lazar, R. A., & Ermann, G. (1998). Learning to be: The observation of a premature baby. *Infant Observation, 2*(1): 21-39.

Le Riche, P., & Tanner, K. (Eds.) (1998). *Observation and Its Application to Social Work: Rather Like Breathing.* London: Jessica Kingsley.

Lechevalier, B., Fellouse, J.-C., & Bonnesoeur, S. (2000). West's syndrome and infantile autism: The effect of a psychotherapeutic approach in certain cases. *Infant Observation, 3*(3): 23-38.

Lieberman, A. F. (2002). Ambiguous outcomes, imperfect tools: Challenges on interaction with young children in foster care and their families. *Bulletin of Zero to Three, 22*(5): 4-8.

Lobatto, W. (2016). Working with professional systems. In: S. Barratt & W. Lobatto (Eds.), *Surviving and Thriving in Care and Beyond: Personal and Professional Perspectives.* London: Karnac.

Maiello, S. (1997). Twinning phantasies in the mother-infant couple and the observer's counterpoint function: Preliminary remarks about the numbers one, two and three. *Infant Observation, 1*(1): 31–50.

Maiello, S. (2007). Containment and differentiation: Notes on the observer's maternal and paternal function. *Infant Observation, 10*(1): 41–49.

Main, M., & Solomon, J. (1980). Procedures for identifying infants as disorganized/disoriented during the Ainsworth strange situation. In: M. T. Greenberg, D. Cicchetti, & E. M. Cummings (Eds.), *Attachment in the Preschool Years* (pp. 161–185). Chicago, IL: University of Chicago Press.

Masson, J. (2016). Reforming care proceedings in England and Wales: Speeding up justice and welfare? In: J. Eekelaar (Ed.), *Family Law in Britain and America in the New Century: Essays in Honor of Sanford N. Katz* (pp. 187–206). Leiden: Brill.

Masson, J., Dickens, J., Bader, K., Garside, L., & Young, J. (2017). Achieving positive change for children? Reducing the length of child protection proceedings: Lessons from England and Wales. *Adoption and Fostering, 41*: 401–413.

McAuley, C., & Young, C. (2006). The mental health needs of looked after children: Challenges for CAMHs provision. *Journal of Social Work Practice, 20*(1): 91–104.

McCann, J., James, A., Wilson, S., & Dunn, G. (1996). Prevalence of psychiatric disorders in young people in the care system. *British Medical Journal, 313*(15): 29–30.

McCrory, E., De Brito, S., & Viding, E. (2011). Heightened neural reactivity to threat in child victims of family violence. *Current Biology, 21*(23): R947–R948.

McFadyen, A. (1994). *Special Care Babies and Their Developing Relationships.* London: Routledge.

Meakings, S., & Selwyn, J. (2016). "She was a foster mother who said she didn't give cuddles": The adverse early foster care experiences of children who later struggle with adoptive family life. *Clinical Child Psychology and Psychiatry, 21*(4): 509–519.

Meins, E., & Fernyhough, C. (2010). *Mind-Mindedness Coding Manual, Version 2.0.* Unpublished manuscript. Durham, UK: Durham University.

Meins, E., Fernyhough, C., Wainwright, R., Clark-Carter, D., Das Gupta, M., Fradley, E., & Tuckey, M. (2003). Pathways to understanding mind: Construct validity and predictive validity of maternal mind-mindedness. *Child Development, 74*: 1194–1211.

Meltzer, H., Corbin, T., Gatward, R., Goodman, R., & Ford, T. (2003). *The Mental Health of Young People Looked After by Local Authorities in England.* London: The Stationery Office.

Mendelsohn, A. (2005). Recovering reverie: Using infant observation in interventions with traumatised mothers and their premature babies. *Infant Observation, 8*(3): 195–205.

Milford, R., Kleve, L., Lea, J., & Greenwqood, R. (2006). A pilot evaluation study of the Solihull Approach. *Community Practitioner, 79*(11): 358–362.

Miller, L., Rustin, M. E., Rustin, M. J., & Shuttleworth, J. (Eds.) (1989). *Closely Observed Infants.* London: Duckworth.

Muir, E. (1992). Watching, waiting, and wondering: Applying psychoanalytic principles to mother-infant interaction. *Infant Mental Health Journal, 13*: 319-328.

Murray, L., & Andrews, L. (2005). *The Social Baby: Understanding Babies' Communication from Birth.* Richmond, VA: The Children's Project/CP Publishing.

Music, G. (2016). *Nurturing Natures: Attachment and Children's Emotional, Social and Brain Development.* Abingdon: Routledge.（鵜飼奈津子監訳［2016］子どものこころの発達を支えるもの—アタッチメントと神経科学，そして精神分析の出会うところ．誠信書房）

Nagera, H. (Ed.) (2014). *Basic Psychoanalytic Concepts on Metapsychology, Conflicts, Anxiety and Other Subjects.* London: Routledge.

Narey, M., & Oates, M. (2018). *Foster Care in England: A Review for the Department for Education.* London: Department for Education. Available at: https://assets.publishing.service.gov.uk/government/uploads/system/uploads/attachment_data/file/679320/Foster_Care_in_England_Review.pdf

National Adoption Leadership Board (2014). *Impact of Court Judgments on Adoption: What the Judgments Do and Do Not Say.* Available at: https://www.first4adoption.org.uk/wp-content/uploads/2014/11/ALB- Impact-of-Court-Judgments-on-Adoption-November-2014.pdf

Negri, R. (1994). *The Newborn in the Intensive Care Unit: A Neuro-psychoanalytic Prevention Model* (Revised edition). London: Karnac, 2014.

Neil, E., & Howe, D. (2004). *Contact in Adoption and Permanent Foster Care: Research, Theory and Practice.* London: BAAF.

NICE/SCIE （2010）. *Public Health Guidance: Promoting the Quality of Life of Looked-After Children and Young People.* Public Health Guideline 28. London: National Institute for Clinical Excellence. Available at: www. nice.org.uk/guidance/ph28

Nutt, L. (2006). *The Lives of Foster Carers: Private Sacrifices, Public Restrictions.* London: Routledge.

Onions, C. (2018). Retaining foster carers during challenging times: The benefits of embedding reflective practice into the foster carer role. *Adoption and Fostering, 42*(3): 249-256.

Pallet, C., Blackeby, K., Yule, W., Weissman, R., & Scott, S. (2000). *Fostering Changes: How to Improve Relationships and Manage Difficult Behaviour. A Training Programme for Foster Carers.* London: BAAF.（上鹿渡和宏，御園生直美，SOS子どもの村JAPAN監訳［2017］フォスタリングチェンジ：子どもとの関係を改善し問題行動に対応する里親トレーニングプログラム：ファシリテーターマニュアル．福村出版）

Panksepp, J. (2007). Can play diminish ADHD and facilitate the construction of the social brain? *Journal of the Canadian Academy of Child and Adolescent Psychiatry, 16*(2): 57-66.

Parkinson, C., Allain, L., & Hingley-Jones, H. (2017). Introduction: Observation for our times. In: H. Hingley-Jones, C. Parkinson, & L. Allain (Eds.), *Observation in Health and Social Care: Applications for Learning, Research and Practice with Children and Adults* (pp. 9-18). London: Jessica Kingsley.

Perry, B. D., Pollard, R. A., Blakley, T. L., Baker, W. L., & Vigilante, D. (1995). Childhood trauma, the neurobiology of adaptation and "use dependent" development of the brain: How "states become traits". *Infant Mental Health Journal, 16*: 271-291.

Philps, J. (2003). *Applications of Child Psychotherapy to Work with Children in Temporary Foster Care.* Doctoral dissertation, Tavistock Centre/ University of East London, London.

Prior, V., & Glaser, D. (2006). *Understanding Attachment and Attachment Disorders: Theory, Evidence, and Practice.* London: Jessica Kingsley.（加藤和生監訳［2008］愛着と愛着障害―理論と証拠にもとづいた理解・臨床・介入のためのガイドブック. 北大路書房）

Reams, R. (1999). Children birth to three entering the state's custody. *Infant Mental Health Journal, 20*(2): 166-174.

Reddy, V., & Mireault, G. (2015). Teasing and clowning in infancy. *Current Biology, 25*(1): 20-23.

Reid, S. (Ed.) (1997). *Developments in Infant Observation: The Tavistock Model.* London: Routledge.

Rhode, M. (2007). Infant observation as an early intervention. In: S. Acquarone (Ed.), *Signs of Autism in Infants: Recognition and Early Intervention* (pp. 193-211). London: Karnac.

Robertson, J., & Robertson, J. (1952). *A Two-Year Old Goes to the Hospital.* Available at: www.robertsonfilms. info/2_year_old.htm

Robertson, J., & Robertson, J. (1989). *Separation and the Very Young.* London: Free Association Books.

Ruch, G. (2017). Foreword. In: H. Hingley-Jones, C. Parkinson, & L. Allain (Eds.), *Observation in Health and Social Care: Applications for Learning, Research and Practice with Children and Adults* (pp. 77-78). London: Jessica Kingsley.

Rushton, A. (2007). *The Adoption of Looked After Children: A Scoping Review of Research.* London: Social Care Institute for Excellence/The Policy Press.

Rustin, M. E. (1999). Multiple families in mind. *Clinical Child Psychology and Psychiatry, 4*(1): 51-62.

Rustin, M. E. (2005). A conceptual analysis of critical moments in Victoria Climbié's life. *Child and Family Social Work, 10*(1): 11-19.

Rustin, M. E. (2009). Esther Bick's legacy of infant observation at the Tavistock: Some reflections 60 years on. *Infant Observation, 12*(1): 29-41.

Rustin, M. E. (2014). The relevance of infant observation for early intervention: Containment in theory and practice. *Infant Observation, 17*(2): 97-114.

Rustin, M. E. (2018). Creative responses to compromised beginnings in life: How to support families struggling with early difficulties. *Infant Observation, 20* (2-3): 148-160.

Rustin, M. E. & Rustin, M. J. (2019). *New Discoveries in Child Psychotherapy: Findings from Qualitative Research.* London: Routledge.

Rustin, M. J. (2001). Research, evidence and psychotherapy. In: C. Mace, S. Moorey, & B. Roberts (Eds.), *Evidence in the Psychological Therapies: A Critical Guide for Practitioners* (pp. 27-45). London: Brunner-Routledge.

Rustin, M. J. (2012). Infant observation as

a method of research. In: C. Urwin & J. Sternberg (Eds.), *Infant Observation and Research: Emotional Processes in Everyday Lives* (pp. 13-22). London: Routledge.

Rutter, M. (1998). Developmental catch up and deficit following adoption after severe global early privation. The English and Romanian Adoptees ERS study team. *Journal of Child Psychology and Psychiatry, 39*: 465-476.

Rutter, M. (2003). Genetic influences on risk and protection: Implications for understanding resilience. In: S. Luthar (Ed.), *Resilience and Vulnerability: Adaptation in the Context of Childhood Adversities.* Cambridge: Cambridge University Press.

Schein, S., Roben, C., Costello, A., & Dozier, M. (2017). Implementing attachment and biobehavioural catch-up with foster parents. *International Journal of Birth and Parent Education, 5*(2): 22-26.

Schofield, G., & Beek, M. (2018). *Secure Base Model: Introductory Talk.* Norwich: Center for Research on Children and Families, University of East Anglia. Available at: www.uea. ac.uk/providingasecurebase/resources

Schore, A. (2001). The effects of early relational trauma on right brain development, affect regulation and infant mental health. *Infant Mental Health Journal, 22* (1-2): 201-269.

Selwyn, J., Harris, P., Quinton, D., Nawaz, S., Wijedasa, D., & Wood, M. (2008). *Pathways to Permanence for Black, Asian and Mixed Ethnicity Children.* London: BAAF/Adoption Research Initiative.

Selwyn, J., Magnus, L., & Stuijfzand, B. (2018). *Our Lives Our Care. Looked After Children's Views on Their Well-Being in 2017.* Bristol: University of Bristol School for Policy Studies and Coram Voice. Available at: www. r e s e a r c h g a t e . n e t / p u b l i c a t i o n / 323345369_Selwyn_J_et_al2018_Our_ Life_Our_Care_looked_after_childrens_ views_on_their_well-being_in_2017_ full_report

Selwyn, J., Wijedasa, D., & Meakings, S. (2014). *Beyond the Adoption Order: Challenges, Interventions and Adoption Disruption. Research Report.* London: Department for Education.

Sinclair, I., Gibbs, I., & Wilson, W. (2004). *Foster Carers: Why They Stay and Why They Leave.* London: Jessica Kingsley.

Slade, A. (1994). Making meaning and making believe: Their role in the clinical process. In A. Slade & D. Wolf (Eds.), *Children at Play: Clinical and Developmental Approaches to Meaning and Representation* (pp. 81-107). New York: Oxford University Press.

Solihull Approach (2018). *Understanding Your Child's Behaviour.* Available at: http://solihullapproachparenting.com/wp-content/uploads/delightful-downloads/2016/06/Lets-Play-Updated.pdf

Spitz, R. A. (1945). Hospitalism: An inquiry into the genesis of psychiatric conditions in early childhood. *Psychoanalytic Study of the Child,* 1: 53-74.

Stahmer, A. C., Leslie, L. K., Hurlburt, M., Barth, R. P., Webb, M. B., Landsverk, J., & Zhang, J. (2005). Developmental and behavioral needs and service use for young children in child welfare. *Pediatrics, 116*: 891-900.

Steiner, J. (1985). Turning a blind eye:

The cover up for Oedipus. *International Review of Psycho-Analysis, 12*: 161–172.

Steiner, J. (1993). *Psychic Retreats: Pathological Organisations in Psychotic, Neurotic and Borderline Patients*. London: Routledge.

Stern, D. N. (2004). *The First Relationship: Infant and Mother*. Cambridge, MA: Harvard University Press.

Sternberg, J. (2005). *Infant Observation at the Heart of Training*. London: Karnac.

Stewart, W. A. (2013). *Psychoanalysis: The First Ten Years 1888–1898*. London: Routledge.

Sunderland, M. (2007). *What Every Parent Needs to Know: The Incredible Effects of Love, Nurture and Play on Your Child's Development*. London: Dorling Kindersley.

Tanner, K. (1999). Observation: A counter culture offensive: Observation's contribution to the development of reflective social work practice. *Infant Observation, 2*(2): 12–32.

Tarsoly, E. (1998). The relationship between failures in containment and early feeding difficulties: A participant observational study in a Hungarian residential nursery. *Infant Observation, 2*(1): 58–78.

Tiltina, K. (2015). *Challenges Facing Long-Term Foster Carers: An Exploration of the Nature of Psychoanalytic Parent/Carer Support*. Child Professional Doctorate thesis, Tavistock and Portman NHS Foundation Trust, London.

Trevarthen, C. (2001). Intrinsic motives for companionship in understanding their origin, development, and significance for infant mental health.

Infant Mental Health Journal, 22 (1–2): 95–131.

Trowell, J., & Rustin, M. E. (1991). Developing the internal observer in professionals in training. *Infant Mental Health Journal, 12*(3): 233–246.

Tustin, F. (1986). *Autistic Barriers in Neurotic Patients*. London: Karnac.

Uglow, J. (1997). *Hogarth: A Life and a World*. London: Faber & Faber.

Ungar, T. (2017). Neuroscience, joy, and the well-infant visit that got me thinking. *Annals of Family Medicine, 15*(1): 80–83.

Urquiza, A. J., Wirtz, S. J., Peterson, M. S., & Singer, V. A. (1994). Screening and evaluating abused and neglected children entering protective custody. *Child Welfare, 73*: 155–171.

Urwin, C., & Sternberg, J. (2012). *Emotional Lives: Infant Observation and Research*. London: Routledge.

Vamos, J., Tardos, A., Golse, B., & Konicheckis, A. (2010). *Contribution of the Pikler Approach to What Is Known with Regard to a Baby's Resources*. Lecture at the 12th Congress of the World Association of Infant Mental Health, Leipzig, Germany.

Waddell, M. (2006). Infant observation in Britain: The Tavistock approach. *International Journal of Psychoanalysis, 87*: 1103–1120.

Wade, J., Biehal, N., Farrelly, N., & Sinclair, I. (2010). *Maltreated Children in the Looked-After System: A Comparison of Outcomes for Those Who Go Home and Those Who Do Not*. London: Department for Education. Available at: www. education.gov.uk/ publications/eOrderingDownload/DFE-RBX-10-06.pdf Wakelyn, J. (2011).

Therapeutic observation of an infant in foster care. Journal of Child Psychotherapy, 37(3): 280-310.

Wakelyn, J. (2012a). Observation as a therapeutic intervention for infants and young children in care. *Infant Observation, 15*(1): 49-66.

Wakelyn, J. (2012b). A study of therapeutic observation of an infant in foster care. In: C. Urwin & J. Sternberg (Eds.), *Emotional Lives: Infant Observation and Research* (pp. 81-92). London: Routledge.

Wakelyn, J. (2018). *Evaluation of Watch Me Play! Training.* Unpublished research report. London: Tavistock Clinic Foundation.

Wakelyn, J. (2019). *Watch Me Play!: A Manual.* Available at: https://tavistock andportman.nhs.uk/care-and-treatment/our-clinical-services/first-step (御園生直美監訳 [2021] WATCH ME PLAY! マニュアル [早稲田大学社会的養育研究所ホームページ])

Ward, H., Brown, R., Westlake, D., & Munro, E. R. (2010). *Infants Suffering, or Likely to Suffer, Significant Harm: A Prospective Longitudinal Study.* Research Brief, DFE-RB053. London: Department for Education.

Ward, H., Munro, E., & Dearden, C. (2006). *Babies and Young Children in Care: Life Pathways, Decision-Making and Practice.* London: Jessica Kingsley.

Watillon-Naveau, A. (2008). Behind the mirror: Interviews with parents whose baby has been observed according to Esther Bick's method. *Infant Observation, 11*(2): 215-223.

WHO (2004). *The Importance of Caregiver-Child Interactions for the Survival and Healthy Development of Young Children: A Review.* Geneva: World Health Organization. Available at: www.who.int/child-adolescent-health

Williams, G. (1998). Reflections on some particular dynamics of eating disorders. In: R. Anderson (Ed.), *Facing It Out: Clinical Perspectives on Adolescent Disturbance.* London: Duckworth.

Winnicott, D. W. (1951). Transitional objects and transitional phenomena. In: *Through Paediatrics to Psychoanalysis: Collected Papers* (pp. 229-242). London: Karnac, 1984. (北山修監訳 [2005] 小児医学から精神分析へ——ウィニコット臨床論文集. 岩崎学術出版社)

Winnicott, D. W. (1962). Ego integration in child development. In: *The Maturational Processes and the Facilitating Environment* (pp. 56-63). London: Hogarth Press, 1965. (牛島定信訳 [1977] 情緒発達の精神分析理論. 岩崎学術出版社)

Winnicott, D. W. (1967). The concept of a healthy individual. In: *Home Is Where We Start From.* Harmondsworth: Penguin, 1986. (牛島定信監修 [1999] ウィニコット著作集3 家庭から社会へ. 岩崎学術出版社)

Wittenberg, I. (1999). What is psychoanalytic about the Tavistock model of studying infants? Does it contribute to psychoanalytic knowledge? *Infant Observation, 2*(3): 4-15.

Youell, B. (2005). Observation in social work practice. In: M. Bower (Ed.), *Psychoanalytic Theory for Social Work Practice: Thinking Under Fire.* London: Routledge.

索　引

【著者紹介】

Jenifer Wakelyn（ジェニファー・ウェイクリン）

The Tavistock and Portman NHS Foundation Trust の子ども・思春期心理療法士（Child & Adolescent Psychotherapist）。社会的養護の子どもたちを対象としたメンタルヘルスサービスに従事し，タビストック・センターでの子どもの心理療法の臨床研修で教育・指導を行っている。これまでに，英国内や欧州諸国，そしてウクライナで，社会的養護の乳児や幼児への治療的介入に関する研究発表を行っている。

【監訳者紹介】

御園生直美（みそのお・なおみ）

法政大学卒業，白百合女子大学大学院発達心理学専攻博士課程単位取得退学，The Tavistock and Portman NHS（University of East London）Infant mental health MA. 臨床心理士，公認心理師，博士（心理学）。

白百合女子大学研究助手（助教），The Tavistock & PortmanNHS Research Assistant を経て，現在，早稲田大学社会的養育研究所研究院客員講師。NPO 法人里親子支援のアン基金プロジェクト理事。

[主な著書]

『アタッチメント・ハンドブック―里親養育・養子縁組の支援』（監訳，2022 年，明石書店），『中途からの養育・支援の実際―子どもの行動の理解と対応』（編集，2021 年，明石書店），『ルーマニアの遺棄された子どもたちの発達への影響と回復への取り組み―施設養育児への里親養育による早期介入研究（BEIP）からの警鐘』（監訳，2018 年，福村出版），『フォスタリングチェンジ―子どもとの関係を改善し問題行動に対応する里親トレーニングプログラム』（監訳，2017 年，福村出版），『乳幼児虐待のアセスメントと支援』（分担執筆，2015 年，岩崎学術出版社）など。

岩﨑美奈子（いわさき・みなこ）

東京女子大学卒業，お茶の水女子大学大学院発達臨床心理学専攻博士後期課程単位取得退学，臨床心理士，公認心理師，博士（人間科学）。

早稲田大学人間科学学術院助教，早稲田大学社会的養育研究所研究院講師を経て，現在，東京学芸大学教育心理学講座講師。早稲田大学社会的養育研究所研究院客員講師。

[主な訳書]

『アタッチメント・ハンドブック―里親養育・養子縁組の支援』（監訳，2022 年，明石書店），『クラインとウィニコット―臨床パラダイムの比較と対話』（分担翻訳，2020 年，岩崎学術出版社）など。

【訳者紹介】

佐藤明子（さとう・あきこ）

翻訳家。東京大学理学部生物化学科卒業。理化学研究所勤務を経て，英語・フランス語翻訳に携わる。メディカル関係の実務翻訳をはじめ，書籍や雑誌翻訳を手がける。訳書にピケティ著『来たれ，新たな社会主義』（共訳，みすず書房，2022），ミラー＆キャロル編著『アルコール・薬物依存症を一から見直す』（誠信書房，2020）。

＊本書の翻訳にあたり，公益財団法人日本財団の助成を受けました。

ジェニファー・ウェイクリン

里親養育における乳幼児の理解と支援
――乳幼児観察から「ウォッチ・ミー・プレイ！」の実践へ

2023 年 6 月 30 日　第 1 刷発行

監 訳 者　　御園生　直　美
　　　　　　岩　﨑　美奈子

発 行 者　　柴　田　敏　樹

印 刷 者　　田　中　雅　博

発 行 所　　株式会社　誠 信 書 房

〒112-0012 東京都文京区大塚 3-20-6
電話　03 (3946) 5666
https://www.seishinshobo.co.jp/

印刷／製本　創栄図書印刷㈱
検印省略
©Seishin Shobo, 2023

親と離れて暮らす子どものための
絵本シリーズ

モリスといっぱいのしんぱいごと

ジル・シーニー 作　レイチェル・フーラー 絵 / 鵜飼奈津子 訳

心配事を抱えたモグラのモリスが、信頼できる存在に悩みを打ち明け、心が楽になる姿を描いた本。不安への対処法が理解できる。

A4変形判上製　定価(本体1700円＋税)

エルファと思い出のはこ

ミシェル・ベル 作　レイチェル・フーラー 絵 / 鵜飼奈津子 訳

養育者の交代や環境の変化で混乱しているゾウのエルファが、思い出を振り返り、自分のアイデンティティを確立していく物語。

A4変形判上製　定価(本体1700円＋税)

ルーファスのあんしんできるばしょ

ジル・シーニー 作　レイチェル・フーラー 絵
鵜飼奈津子 監訳　中澤鮎美 訳

ひどい飼い主のもとから新しい飼い主のところへやってきたネコのルーファスが、心から安らげる自分の居場所を見つけるお話。

A4変形判上製　定価(本体1700円＋税)